Production écrite DALF C1

Stéphane Wattier

Production écrite
DALF C1

Du même auteur

Disponibles sur communfrancais.com :

— Production écrite DELF B2

— Production orale DELF B2

— Objectif DELF B1

— Objectif DELF B2

— Objectif DALF C1

— Les mots de l'info – *Le vocabulaire de l'actualité pour les niveaux B2 et C1*

— Les mots pour convaincre – *Le vocabulaire essentiel pour argumenter à l'écrit et à l'oral.*

— Écoute le net ! – *101 techniques pour améliorer la compréhension orale avec Internet.*

Table des matières

Bienvenue !

Bienvenue dans *Production écrite DALF C1*, le guide qui permet de se préparer vite et bien à l'écrit du DALF C1, en classe ou en autonomie.

De nationalité française et professeur de français langue étrangère (FLE) à Hanoï (Vietnam), j'ai créé en 2016 *commun français* pour proposer des manuels destinés aux niveaux intermédiaires et avancés. Examinateur habilité, cela fait plus de 20 ans que je fais passer les examens du DELF et du DALF. Passionné par l'apprentissage des langues sur Internet, j'anime régulièrement des groupes au service des apprenants de français du monde entier.

Production écrite DALF C1 fait partie de la collection « À l'épreuve ! », entièrement conçue pour guider dans la préparation aux examens du DELF-DALF. Voici les autres titres déjà parus :

— Production écrite DELF B2

— Production orale DELF B2

Commun français vous propose également des manuels qui pourront être utiles dans la préparation aux examens du DELF-DALF :

— Objectif DELF B1

— Objectif DELF B2

— Objectif DALF C1

— Les mots de l'info - *Plus de 400 mots-clés pour lire la presse et exprimer son opinion.*

— Les mots pour convaincre - *Le vocabulaire essentiel pour argumenter à l'écrit et à l'oral.*

— Écoute le net ! – *101 techniques pour améliorer la compréhension orale avec Internet*

Devenez membre de commun français

L'e-book *Tests et diplômes de français - comment choisir ?* est offert à tous les nouveaux abonnés à la lettre d'information de commun français. Pour en savoir plus : https://communfrancais.com/accueil/abonnez-vous/

Contact

N'hésitez pas à me contacter par courrier électronique pour toutes vos remarques et suggestions sur *Production écrite DALF C1*. Je me ferai un plaisir de vous répondre : contact@communfrancais.com

Pourquoi ce guide ?

La préparation d'un examen fait souvent oublier l'importance d'un exercice dans la « vraie vie ». Pourtant, au-delà de la réussite au DALF C1, la maîtrise de la synthèse et de l'essai argumenté sera certainement utile pour des projets d'études ou de travail dans le monde francophone. La synthèse est au programme de nombreux diplômes et concours professionnels, car elle entraîne à sélectionner les informations essentielles pour prendre une décision. Des techniques d'argumentation efficaces sont indispensables chaque fois qu'il faut convaincre un destinataire de son point de vue.

Toutefois, l'épreuve de production écrite du DALF C1 fait souvent peur, pour plusieurs raisons. D'abord, ce sont des exercices entièrement nouveaux pour certains candidats qui ne les abordent jamais dans leur système scolaire. Ensuite, ils demandent des savoir-faire complexes difficiles à décrire. Généralement, plusieurs solutions et méthodes sont possibles, ce qui explique les différences entre les livres de préparation à l'examen. Enfin, la plupart de ces manuels ne prennent pas toujours le temps de détailler la méthodologie, en particulier pour la synthèse de documents. Par exemple, ils demanderont simplement aux lecteurs de relever les idées essentielles et secondaires, sans expliquer les termes et la méthode, comme si tout le monde les connaissait déjà !

C'est pourquoi ce guide prend le temps d'exposer les techniques de base à acquérir. C'est pourquoi, aussi, il choisit une méthode pédagogique qui donne à tous les candidats les mêmes chances de réussite.

Méthode pédagogique

En effet, comme tous les guides de la collection « À l'épreuve ! », *Production écrite DALF C1* suit une méthode pédagogique dite *explicite*. Son principe est d'expliquer le plus précisément possible tous les différents aspects de l'apprentissage : programme, étapes, méthodologie, stratégies, etc. Ainsi, **le lecteur sait à tout moment ce qu'il doit faire et comment le faire**. Il commence par découvrir les objectifs à atteindre. Ensuite, il observe un modèle d'épreuve déjà réalisée pour comprendre la méthodologie. Puis, en suivant le guide étape par étape, il apprend à produire un texte et à le corriger. Enfin, il peut s'entraîner sur des sujets libres.

Il s'agit donc d'une méthode qui guide progressivement le lecteur vers l'autonomie, en l'aidant à adopter une méthode de travail efficace. Elle lui permet également de prendre confiance en soi, en apportant les stratégies utiles pour surmonter ses difficultés. Bref, elle donne sa chance à tout le monde : un candidat encore faible pourra atteindre le niveau minimum suffisant pour réussir l'épreuve ; un candidat déjà confirmé perfectionnera sa méthodologie et améliorera son style à l'écrit.

Organisation du guide

Afin de profiter pleinement de cette méthode progressive, **il est conseillé de suivre dans l'ordre les différentes sections du livre.**

L'introduction à l'épreuve est une section importante. En plus des informations sur le déroulement de l'examen, elle détaille les savoir-faire et stratégies essentiels pour réussir.

Dans le **modèle d'épreuve**, le candidat pourra observer un exemple de synthèse et d'essai argumenté. Toutes les étapes de réalisation et les techniques employées y sont expliquées dans le détail. C'est une sorte de *démo* qui met en évidence les difficultés rencontrées et les solutions possibles. **Dans cette section, l'auteur fait l'exercice, le lecteur observe.**

Les deux sections suivantes — **production guidée 1 et 2** — invitent le candidat à passer à la pratique. Pour chaque exercice, il est guidé dans l'écriture du texte en 3 étapes : planifier, rédiger, réviser. À chaque étape, des activités complémentaires apportent les connaissances et les savoir-faire indispensables pour progresser dans la réalisation de l'exercice. **Dans ces 2 sections, l'auteur et le lecteur font l'exercice ensemble.** Des stratégies sont également conseillées pour mémoriser les nouvelles informations et améliorer son niveau à l'écrit.

Enfin, une section consacrée à la pratique en autonomie offre **6 sujets d'entraînement** complets (synthèse et essai) accompagnés d'un modèle de corrigé. **Cette fois, le lecteur travaille seul.** Cependant, il est invité à poster sa production dans le groupe Facebook de commun français pour demander des conseils d'amélioration, en suivant ce lien :

https://www.facebook.com/groups/communfrancais

Par ailleurs, le lecteur trouvera dans les **annexes** du livre des compléments importants pour sa préparation. Ce sont les thèmes fréquents à l'examen, le vocabulaire et la grammaire à connaître, ainsi que des liens Internet qui suggèrent des ressources complémentaires.

Vous disposez également d'une page ressources sur le site Internet de Commun français. Vous y trouverez une liste de liens utiles ainsi que des ressources additionnelles. Rendez-vous à cette adresse :

communfrancais.com/ressources/production-ecrite-dalf-c1/

Introduction à l'épreuve

Lisons d'abord la description officielle de l'épreuve de production écrite au DALF C1 :

Épreuve en deux parties :

- Synthèse (200 à 240 mots) à partir de plusieurs documents écrits d'une longueur totale de 1000 mots environ ;
- Essai argumenté (250 mots minimum) à partir du contenu des documents.

Durée de l'épreuve : 2H30

Déroulement

L'épreuve de production écrite comprend **2 exercices très différents, mais qui portent sur le même sujet.** Rappelons que, depuis mars 2020, les candidats ne doivent plus choisir entre les domaines des Lettres et Sciences humaines ou Sciences. Tous les candidats d'une même session travaillent désormais sur les mêmes documents. Ce sont 2 ou 3 articles de presse (d'environ 1000 mots au total) évoquant un sujet d'actualité, pouvant appartenir à des thèmes variés que vous pourrez consulter en annexe.

Le candidat dispose de 2H30 pour les 2 exercices. **La capacité à organiser son travail sera décisive.** Il semble logique de commencer par la synthèse et de lui accorder un temps plus long (1H30 en moyenne), mais il faudra veiller à garder suffisamment de temps pour l'essai. Tout cela demande un peu d'entraînement ! Par ailleurs, les textes seront rédigés sur la copie avec un stylo bleu ou noir. L'usage d'un dictionnaire et de toute autre ressource est strictement interdit.

Qu'est-ce qu'une synthèse ?

La **synthèse** est un double exercice de compréhension et de production. Comme l'indique la consigne, il consiste à dégager une problématique, relever les idées essentielles et les reformuler dans un nouveau texte suivant un plan personnel. Il ne s'agit surtout pas de résumer chaque texte séparément. De plus, il est interdit d'ajouter des idées personnelles. La production finale devra comporter une rapide introduction et un développement, dans une limite de 200 à 240 mots. *Le respect de la longueur est indispensable.*

Qu'est-ce qu'un essai argumenté ?

Dans **l'essai argumenté**, le candidat doit développer une opinion personnelle sur le sujet abordé par les documents, selon une consigne qui décrit la situation de communication : rôle, type de texte, destinataire, etc. Attention, le terme d'*essai argumenté* est assez ambigu. Il faudrait plutôt dire *texte argumentatif*. En effet, le candidat peut être amené à écrire une lettre ou un article, ou encore à participer à un forum électronique, etc. Il faut donc veiller à **respecter les règles en usage pour le type de texte demandé.** Le candidat devra exposer des arguments personnels illustrés d'exemples. Il n'est pas interdit toutefois de reprendre quelques éléments des textes sources, si on les intègre habilement à l'argumentation. La production finale devra comporter une introduction, un développement et une conclusion, avec un **minimum** de 250 mots. Il est donc possible de dépasser ce nombre, mais... seulement si c'est nécessaire !

Comment compter les mots ?

Pour les 2 exercices, est considéré comme *mot* une suite de caractères entre 2 espaces. Par exemple :

– Je suis français = 3 mots
– Je m'appelle = 2 mots
– C'est-à-dire = 1 mot

Compétences attendues

Que devez-vous savoir faire pour réussir l'épreuve de production écrite ? Autrement dit, quels sont les **objectifs** à atteindre ?

Compétences générales

Un francophone de niveau C1 est un utilisateur expérimenté de la langue. On attend donc du candidat les compétences générales suivantes.

L'aisance

Le candidat peut lire des textes longs et difficiles. Il peut s'exprimer sur une grande gamme de sujets d'actualité, pourvu qu'ils ne soient pas trop abstraits ou trop spécialisés.

L'organisation des discours

Les écrits sont bien structurés. Ils respectent les règles d'usage, sont organisés logiquement et démontrent une maîtrise des connecteurs.

L'efficacité de l'argumentation

Le candidat doit être capable d'adapter ses arguments et le registre de langue à son destinataire. D'autre part, il doit disposer d'un vocabulaire suffisamment riche pour préciser et nuancer son point de vue.

La correction de la langue

Les erreurs de langue sont rares et difficiles à repérer. L'autocorrection est systématique. L'orthographe et la ponctuation sont maîtrisées.

Savoir-faire

Il serait bien entendu impossible de présenter tous les savoir-faire du niveau

C1. Nous devrons nous concentrer sur les savoir-faire indispensables pour réussir la production écrite à l'examen.

En général, le candidat doit être capable :

1. De rédiger une synthèse d'articles de presse longs et complexes, y compris sur des sujets qui ne lui sont pas familiers.
2. D'exposer un point de vue personnel et détaillé, sous la forme d'un texte argumentatif clair et bien structuré.

Pour le détail des savoir-faire, il convient de distinguer :

– Ceux que vous devriez déjà connaître et que nous ne verrons pas dans ce livre. Ce sont *vos prérequis*.
– Ceux que vous apprendrez dans ce livre. Ce sont *nos objectifs* pour chacun des 2 exercices de l'épreuve.

Vos prérequis

Pour réussir la production écrite du DALF C1, vous aurez besoin de certains savoir-faire déjà abordés aux niveaux inférieurs (B1, B2) ou qui ne concernent pas uniquement l'expression écrite. Voici les plus importants :

– Explorer un article de presse : titre, chapeau, sources, etc.
– Comprendre des articles de presse longs et difficiles, sur des thèmes d'actualité variés.
– Mettre en page une lettre formelle : coordonnées de l'expéditeur, date, objet, signature, etc.
– Utiliser des formules d'appel dans une lettre formelle : *Monsieur le Maire,*
– Utiliser des formules de politesse dans une lettre formelle : *Veuillez agréer, Monsieur le Maire, etc.*
– Employer un vocabulaire varié pour exposer des faits et des arguments : comparaisons, évolutions, causes, conséquences, hypothèses, solutions, etc.
– Utiliser des connecteurs simples pour enchaîner les idées : d'abord, ensuite, etc.
– Utiliser des indicateurs de temps et de durée : à long terme, dans un premier temps, etc.
– Rédiger des phrases complexes : pronoms relatifs, verbes suivis de l'indicatif ou du subjonctif, etc.
– Adopter une ponctuation correcte et efficace.

Si vous avez besoin de révisions, vous pourrez consulter les liens utiles en annexe pour trouver des ressources. D'autres ouvrages de commun français, comme *Les mots de l'info* et *Les mots pour convaincre* regroupent le vocabulaire essentiel pour faire gagner du temps.

À retenir

Être capable de comprendre des articles de presse est un savoir-faire indispensable pour la synthèse. Si vous avez trop de difficultés à lire les documents proposés dans ce livre, il faudra prévoir un entraînement intensif à la compréhension écrite.

Nos objectifs

Voici les savoir-faire sur lesquels nous nous concentrerons dans ce guide :

Pour la synthèse

- Dégager une problématique d'une source documentaire
- Distinguer idées essentielles/idées secondaires/exemples
- Préparer un plan de synthèse
- Adopter une mise en page efficace
- Introduire une synthèse
- Reformuler des idées
- Donner des informations chiffrées
- Rapporter un point de vue
- Rédiger avec concision

Pour l'essai argumenté

- Analyser un sujet
- Chercher des idées et des exemples pertinents
- Préparer un plan argumentatif
- Adopter une mise en page selon le type de texte
- Introduire et conclure un texte argumentatif
- Formuler des jugements de valeur
- Exprimer des certitudes/incertitudes
- Exprimer des oppositions/concessions
- Relier des arguments par des connecteurs variés
- Renforcer la cohésion par des anaphores

Nous savons maintenant avec précision les objectifs à atteindre. Voyons comment tout cela fonctionne dans un exemple d'épreuve.

Modèle d'épreuve

Dans cette partie, c'est moi qui fais les exercices, et vous, vous observez. C'est comme une *démo* !

Concrètement, je vais produire chacun des 2 textes en 3 grandes étapes : 1. Planifier — 2. Rédiger — 3. Réviser. En même temps, j'expliquerai le plus précisément possible ce que je fais et pourquoi je le fais. Cela vous permettra de découvrir, pas à pas, la méthodologie à suivre pour réussir l'épreuve.

Bien entendu, cette méthodologie n'est pas la seule possible. Elle n'est pas parfaite, c'est seulement la mienne, qui découle de mon expérience d'enseignant et d'examinateur. La meilleure méthodologie, ce sera toujours... la vôtre ! À vous de la développer personnellement, à force d'essais et d'erreurs.

Exercice 1 : synthèse de documents

Sujet

Découvrez d'abord le sujet, qui comprend toujours une consigne et des documents.

CONSIGNE

Vous faites une synthèse des documents proposés.

Pour cela, vous dégagez les idées et les informations essentielles qu'ils contiennent, vous les regroupez et les classez en fonction du thème commun à tous ces documents, et vous les présentez avec vos propres mots, sous forme d'un nouveau texte suivi et cohérent.

Attention :

- Vous devez rédiger un texte unique en suivant un ordre qui vous est propre, et non mettre deux résumés bout à bout ;
- Vous ne devez pas introduire d'autres idées ou informations que celles qui se trouvent dans les documents, ni faire de commentaires personnels ;
- Vous pouvez bien entendu réutiliser les « mots-clefs » des documents, mais non des phrases ou des passages entiers.

200 à 240 mots

Règle de décompte des mots : est considéré comme mot tout ensemble de signes placé entre deux espaces : « c'est-à-dire » = 1 mot ; « un bon sujet » = 3 mots ; « je ne l'ai pas vu depuis avant-hier » = 7 mots

Attention, le respect de la consigne de longueur fait partie intégrante de l'exercice (fourchette acceptable donnée par la consigne). Dans le cas où la fourchette ne serait pas respectée, on appliquera une correction négative : 1 point de moins par tranche de 20 mots en plus ou en moins

DOCUMENT 1

L'accent, handicap invisible :
des linguistes dénoncent la « glottophobie »

« Il va falloir changer d'accent, essaie de faire plus Parisien ». Ces propos ont été lancés par un professeur à Cédric, étudiant toulousain. Il affirme avoir été « un peu mis à l'écart » à la faculté du Mirail, « à cause de [son] accent du sud-ouest » très prononcé. Il déplore une « attitude abjecte », le « prenait mal », mais arrive désormais à « passer outre ». Le sociolinguiste Philippe Blanchet, enseignant à l'université Rennes-II, recense les refus d'embauche liés à cette discrimination. L'inventeur du concept de glottophobie ne souhaite pas surestimer ce problème, mais considère qu'il peut constituer un frein dans l'accès à certains postes, surtout ceux dans le relationnel et la communication. Alors que le Premier ministre Jean Castex, d'origine gersoise, est raillé pour sa prononciation, *La Dépêche* a interrogé des spécialistes de la question.

Les clichés sur les accents ont la vie dure, et sont inhérents à l'histoire française. « On a eu un mouvement centralisateur, avec l'unilinguisme comme base, et visant à gommer les langues et particularités régionales » affirme Maria Candea, sociolinguiste à l'université Sorbonne-Nouvelle. De cette centralisation naît une norme linguistique « imposée par Paris, le centre du pouvoir », selon Médéric Gasquet-Cyrus, linguiste et maître de conférences à l'université d'Aix-Marseille.

Si on ne parle pas de façon normée, il est dès lors difficile de rentrer dans la norme établie. « Dans les métiers où la parole est importante, il y a des personnes discriminées pour leurs accents » note l'universitaire. Les linguistes, fervents défenseurs de la diversité des langues, se désolent qu'un marqueur social et identitaire puisse devenir un handicap. « J'ai de nombreux témoignages d'individus à qui on a refusé un métier de parole, avec comme motif invoqué, l'accent » confie le sociolinguiste Philippe Blanchet.

Aussi, il ajoute que « près de 20 % de la population dit avoir été discriminée » pour cette raison. L'accent est vecteur de préjugés en tout genre, détaillés par Médéric Gasquet-Cyrus : « Le Ch'ti va renvoyer à une personne populaire, le Corse à la roublardise, et l'accent du sud à une personne joviale, mais dénuée de sérieux » déclare-t-il. Une fatalité qui colle à la peau des discriminés, mais qui n'est pas insurmontable.

À en croire le linguiste Médéric Gasquet-Cyrus, gommer son accent est une fausse bonne idée. « Beaucoup de gens font face à ce dilemme et prennent des positions différentes. En changeant sa manière de parler, on peut se sentir mal à l'aise, puis l'accent peut revenir de manière inopinée. Parfois, il y a un sentiment de déchirement et de trahison qui fait surface en abandonnant sa prononciation » confie-t-il. Maria Candea souhaiterait quant à elle qu'on apprenne aux individus à « jongler » entre les accents, plutôt que de les abandonner. « En fonction de mon environnement, j'ai des prononciations différentes. Je ne vais pas avoir le même accent au Stade Vélodrome que lorsque j'enseigne à l'université » acquiesce Médéric Gasquet-Cyrus.

Sacha Tisic, *La Dépêche*, 12/07/2020

16

DOCUMENT 2

Vous avez dit glottophobie mais avec quel accent ?

J'ai un accent, et alors ? Le titre du livre claque comme un défi à la glottophobie. [...] Imaginons ce mot rarissime dans le vocabulaire courant surgissant dans la conversation : « glotto quoi ? phobie d'accord mais glotto ? Gloup Gloup... ! » Le terme glottophobie est un néologisme pour discrimination linguistique, forgé par le sociolinguiste et professeur à l'université de Rennes 2, Philippe Blanchet, pour désigner les discriminations linguistiques de toutes sortes, le mépris, la haine, l'agression, le rejet, l'exclusion, la discrimination négative dont sont victimes des personnes.

Ignorée, la glottophobie peut se révéler douloureuse lorsqu'on la subit. Le premier sondage de l'Ifop consacré à ce sujet le montre clairement. La moitié des Français avouent une diction régionale « un peu », « assez » ou « très marquée ». Les ouvriers plus que les cadres : 57 % des premiers, 41 % des seconds. Les habitants du Nord-Pas-de Calais (84 %), de Midi-Pyrénées (83 %) et de Franche-Comté (78 %), bien davantage que ceux du Centre-Val de Loire (21 %), des Pays de la Loire (23 %), de Poitou-Charentes (25 %) et de Bretagne (31 %). 84 % en Provence-Alpes-Côte d'Azur, ce qui est surprenant au premier abord.

« Il s'agit d'un territoire qui attire beaucoup d'"immigrés de l'intérieur" », analyse Jérôme Fourquet, directeur du département Opinion de l'Ifop. Sur les 33 millions de Français ayant conservé des intonations de leur terroir, 27 % essuient des moqueries, « souvent » ou « de temps en temps », dans leur vie quotidienne. Ce pourcentage grimpe à 60 % chez les tenants des prononciations les plus typées. Dans leur environnement professionnel, ils ne sont pas toujours épargnés : 16 % des sondés disent avoir été victimes de discriminations lors d'un concours, d'un examen ou d'un entretien d'embauche. La discrimination professionnelle par l'accent touche plutôt les hommes (20 %), les moins de 35 ans (27 %) et les cadres (36 %). « À l'embauche, elle est assumée par les employeurs qui la trouvent parfaitement justifiée, comme s'il existait une bonne façon de parler le français et des mauvaises », s'insurgent les auteurs.

Des interviews réalisées pour le livre confirment les résultats de l'enquête sur laquelle se sont appuyés les auteurs, les éditions Michel Lafon et Mag'Centre. La Berrichonne Patricia Darré attribue la disparition des accents régionaux à l'envahissement de celui « orthodoxe et conforme », distillé par les radios et les télés qui répandent dans tout le pays celui que pratiquent les sphères de pouvoir.

Certes, mais les accents qui parlent autant que les mots des langues régionales ont la vie dure et le livre en est la preuve. Leurs défenseurs sont nombreux. Le succès du musicien auteur-compositeur-interprète, Alan Stivell qui a exporté le Breton jusqu'aux États-Unis en est la parfaite illustration. L'ancien directeur du Tour de France Jean-Marie Leblanc démontre avec passion quelle perte ce serait si on envoyait aux oubliettes ce lien si profond et instinctif par lequel on se reconnait être entre soi. Le député (LREM) de l'Hérault Christophe Euzet, juriste mi-sétois, mi-catalan, a déposé une proposition de loi « visant à promouvoir la France des accents avec pour objectif d'inscrire ces particularismes de diction sur la liste des fondements de la discrimination, dans le Code pénal et dans celui du travail ». [...]

Françoise Cariès, *Mag'Centre*, 10/06/2020

Étape 1 : je planifie la synthèse (de 40 à 50 minutes)

Cette grande étape comprend toutes les opérations qui vont amener à **établir le plan détaillé de la synthèse**.

Personnellement, je ne fais aucune notation directement sur les documents. Je prends des notes sur un brouillon. C'est pour une raison très simple : le but d'une synthèse est de s'éloigner petit à petit des documents afin de produire un nouveau texte. Si je souligne des phrases ou note des idées sur les documents, je devrai souvent y retourner pour relire, ce qui gêne la prise de distance et la reformulation des idées.

1.1. Je fais une lecture globale des documents

Il s'agit de faire une lecture globale pour comprendre le sens général des articles, repérer leur organisation et trouver une problématique. Une problématique, c'est-à-dire une question à laquelle va répondre la synthèse. **Cette problématique est indispensable pour organiser le texte et elle est notée dans la grille d'évaluation.**

Pour cela, je commence par explorer les textes (titres, sources, variations typographiques...), puis je fais 1 ou 2 lectures rapides afin de répondre aux questions suivantes. *Surtout, je ne bloque pas sur les mots nouveaux, je les passe sans hésitation pour rester concentré sur le sens général.*

Quel est le problème ?

Le problème posé par ces 2 documents est la *glottophobie*, c'est-à-dire un type de discrimination qui porte sur l'accent. Des personnes en France sont en effet montrées du doigt, voire rejetées (notamment dans le monde du travail) parce qu'elles ont une manière de parler qui est jugée non standard, trop écartée de la norme. On peut constater que le terme de *glottophobie* n'est pas très courant pour les lecteurs français eux-mêmes, puisque les 2 articles doivent commencer par le définir. *Ma synthèse devrait donc inclure une définition du terme.*

Quelles sont les sources ?

Le premier document est publié dans le journal *La Dépêche* du 12/07/2020 et le deuxième dans le magazine *Mag'Centre* du 10/06/2020. Ce sont donc 2 articles de presse qui sont rapprochés dans le temps. C'est important pour ma synthèse : les faits rapportés dans les 2 textes se situent dans la même période, il y a peu de risque d'évolution entre les 2 articles.

Quelles sont les circonstances de publication ?

Un article de presse est toujours écrit pour une certaine occasion. La repérer va aider à comprendre l'intention générale du texte, mais aussi son organisation.

Dans le document 1, je repère la phrase suivante : « Alors que le Premier ministre Jean Castex, d'origine gersoise, est raillé pour sa prononciation, *La Dépêche* a interrogé des spécialistes de la question. » En effet, début juillet

2020, Jean Castex est nommé chef du gouvernement français. Lors de son premier discours, certains *glottophobes* se sont moqués de son accent qui lui vient de son département natal, le Gers (Sud-Ouest de la France), ce qui a eu pour effet de relancer le débat dans l'Hexagone. Le journaliste a alors choisi de demander l'avis de spécialistes, **d'où les nombreuses citations tout au long du texte.**

Dans le document 2, je lis d'abord le titre d'un livre : *J'ai un accent, et alors ?* Mais je relève également ces 2 phrases : « Le premier sondage de l'Ifop consacré à ce sujet le montre clairement. » ainsi que « Des interviews réalisées pour le livre confirment les résultats de l'enquête. » L'article est donc écrit pour une double occasion. D'une part, c'est la parution d'une enquête sur la glottophobie conduite par l'Ifop (Institut français d'opinion publique), qui est une entreprise de sondage très connue en France. **Cela explique le nombre important de pourcentages dans le texte.** D'autre part, la journaliste met en relation le sondage avec un livre déjà paru (en mars 2020, pour information) sur le même sujet : *J'ai un accent, et alors ?*

Quelles sont les intentions ?

Le document 1 est surtout de type argumentatif et suit un déroulement facile à repérer. Son intention est de dénoncer la glottophobie. Pour cela, il cite les propos de différents spécialistes interrogés, sans intervention personnelle de l'auteur, pour d'abord poser le problème (paragraphe 1), ensuite pour expliquer les causes (paragraphe 2) et les conséquences (paragraphes 3 et 4) de ce type de discrimination. Enfin, il présente certaines solutions (paragraphe 5).

Le document 2 est surtout informatif, puisqu'il a pour intention de rapporter les résultats d'un sondage. On y apprend logiquement la proportion des victimes (paragraphe 2) et les principaux domaines où s'exercent les discriminations (paragraphe 3). Mais, il rapporte également des interviews publiées dans un ouvrage pour tenter d'expliquer ce problème d'une part (paragraphe 4) et pour donner des exemples de défenseurs des accents régionaux d'autre part (paragraphe 5).

Un rapide comparatif me permet de constater que :

– Les 2 articles se complètent sur certains aspects. Le document 2 pourra apporter des faits (résultats de sondage) aux opinions exposées dans le premier.
– Les 2 articles se ressemblent sur un point : en évoquant des faits, des causes et des solutions, ils suivent tous les deux, bien que différemment, une démarche de résolution de problème.

Très intéressant pour le plan ! Ce ne sera pas le cas pour chaque synthèse, naturellement. Il faudra repérer à chaque fois, de façon encore globale à cet instant de l'exercice, les points communs et les différences dans la nature des documents.

Quelle problématique vais-je choisir ?

La problématique doit prendre la forme d'une question (directe ou indirecte). C'est elle qui formule l'intention de la synthèse. Tout le texte devra répondre à cette question.

Puisque les 2 articles évoquent un problème et des solutions, je choisirai cette problématique : **comment lutter contre la glottophobie ?**

À ce stade de l'exercice, la problématique est encore provisoire. La lecture approfondie des documents pourra amener à choisir une meilleure problématique. Il faudra la confirmer au moment de préparer le plan détaillé de la synthèse.

1.2. Je relève les idées importantes

J'entre maintenant dans le détail des textes pour y relever les idées essentielles et les idées secondaires. Mais je rappellerai d'abord des points très importants pour la compréhension :

– Une **idée essentielle** est une idée importante pour la cohérence générale et qui apporte une nouvelle information dans le déroulement du texte ;
– Une **idée secondaire** est une idée qui développe une idée essentielle, en lui apportant des compléments d'information ;
– Les idées essentielles sont généralement structurées en paragraphes qui mettent en évidence leur progression ;
– L'idée essentielle est souvent exposée au début, puis développée dans le reste du paragraphe, même si on rencontre fréquemment d'autres structures.

Je vais donc faire une lecture détaillée de chaque texte, paragraphe par paragraphe, et noter uniquement les idées essentielles et les idées secondaires. Les idées ne seront pas toujours formulées explicitement. Elles pourront prendre la forme de citations, d'une série de chiffres, d'un cas exemplaire, etc. Mais, il convient dans tous les cas de **noter le sens de l'idée, pas sa forme**. Je vais également marquer les mots-clés (en gras dans le tableau ci-dessous) dont je me servirai au moment de la rédaction du texte (étape 2). Attention, dans l'exercice de synthèse, **le terme de *mot-clé* prend un sens particulier**. Il désigne bien sûr un mot indispensable pour la compréhension du texte, mais surtout **un mot qui doit être réemployé pour la clarté et la précision de la synthèse, car il ne peut pas être remplacé par un autre.** Dans notre exemple de sujet, ce seront des mots comme *glottophobie, accent, discrimination...*

Personnellement, je préfère noter les idées dans un tableau en les reformulant directement avec mes propres mots, sous forme de notes pour aller plus vite. De plus, je choisis une prise de notes linéaire, paragraphe après paragraphe. Cela met en évidence la progression de chaque texte et permet de retrouver rapidement une idée que je pourrais avoir besoin de relire.

Voici un exemple de prise de notes linéaire, qui suit l'ordre de chaque document, paragraphe (P) par paragraphe. Par souci de clarté pour le lecteur, j'indique distinctement les idées essentielles (IE) et les idées secondaires (IS).

	Document 1	Document 2
P1	Phénomène de **glottophobie** constaté en France (IE) : **discriminations** au travail selon créateur du terme (IS)	Qu'est-ce que la **glottophobie** ? (IE) : néologisme du sociolinguiste Philippe Blanchet (IS1) + **discrimination** linguistique prend formes variées (IS2)
P2	**Discrimination** par **l'accent** a causes historiques (IE) : **centralisation** a imposé unilinguisme (IS1) + capitale fixe **norme linguistique** (IS2)	Sondage Ifop révèle moitié des Français concernés (IE) : **ouvriers** plus que **cadres** (IS1) + fortes disparités régionales (IS2)
P3	**Accent perçu** comme écart à **norme linguistique** (IE) : obstacle à l'embauche (IS1) + surtout dans le secteur de la communication (IS2)	**Discriminations** très répandues (IE) : au quotidien (IS) + dans vie professionnelle où jugées normales (IS)
P4	Stéréotypes associent **accents** et traits de caractère (IE) : stigmatisation tenace (IS1) + mais pas insoluble (IS2)	Uniformisation soutenue par médias audiovisuels relais des dirigeants (IE)
P5	Solutions adoptées varient (IE) : dissimuler son **accent** mais source de mal-être (IS1) + adapter sa prononciation aux différents contextes (IS2)	Mais résistance des **accents** régionaux (IE) : défendus par personnalités (IS1) + proposition de loi déposée par député Christophe Euzet visant promotion des **accents** et pénalisation de la **glottophobie** (IS2)

Lorsque j'ai terminé, une rapide lecture verticale (document par document, paragraphe par paragraphe) est très utile pour vérifier la cohérence de mes notes. Est-ce que les idées s'enchaînent logiquement ? Est-ce qu'elles sont clairement exprimées ? En cas de doute, je retrouve facilement le paragraphe dans l'article et je le relis.

1.3. Je compare les idées des documents

Après avoir compris et reformulé les idées importantes, j'en arrive à **l'opération qui est la plus spécifique de la synthèse**, et sans doute la plus importante : le comparatif des informations.

Il s'agit de faire une lecture horizontale, *transversale*, des informations relevées pour analyser leurs points communs et leurs différences. Plus concrètement, il faudra déterminer comment les idées :

– se répètent

- se complètent
- s'opposent
- se nuancent

Logiquement, je vais commencer par traiter les idées essentielles qui vont me permettre de fixer la structure générale de mon plan. Je note directement dans le tableau en utilisant un code personnel, par exemple : → pour relier les idées, ≠ pour marquer une opposition, etc.

Dans notre sujet, j'observe que :

- Les paragraphes 1 (P1) des 2 documents ont pour rôle d'introduire le nouveau terme de *glottophobie*. La définition pourrait trouver sa place dans l'introduction de la synthèse.
- Les 2 P3 et le P4 du doc 1 se complètent sur l'importance des discriminations par l'accent en France, aussi bien dans la vie quotidienne (moqueries) que dans la vie professionnelle (handicap à l'embauche).
- Le P2 du doc 1 et le P4 du doc 2 se complètent dans l'exposé des causes : aux circonstances historiques s'ajoutent le rôle actuel des médias.
- Les 2 P5 se complètent sur l'exposé des solutions, mais avec une nuance importante : dans le premier document, on voit des stratégies d'évitement (on apprend à vivre avec la glottophobie), dans le deuxième on cherche des moyens de résister aux discriminations linguistiques. *Je tâcherai dans ma synthèse de marquer cette nuance, mais en faisant attention à ne pas ajouter de commentaire personnel.*

Ce comparatif confirme mon impression à la lecture globale des documents (étape 1.1) : un plan de type résolution de problème serait un bon choix pour ma synthèse. Je maintiens donc cette problématique : comment lutter contre la glottophobie ?

1.4. Je prépare un plan détaillé

Un plan détaillé comportant toutes les idées essentielles et secondaires est indispensable avant de passer à la rédaction (étape 2). En effet, je n'aurai pas le temps de rédiger mon texte sur un brouillon pour ajouter ou retirer des idées quand je le souhaite. D'autre part, une synthèse doit obligatoirement respecter un plan :

- qui ne suit pas l'ordre des documents sources ;
- qui contient toutes les idées importantes des documents sources ;
- qui n'ajoute aucune idée personnelle ;
- qui suit un déroulement logique en vue de répondre à la problématique ;
- qui est structuré en 2 ou 3 parties de longueur à peu près équivalente.

Le choix du plan est libre, mais il est tout à fait possible de suivre ou d'adapter des plans « classiques », comme le plan dialectique, le plan par aspects, etc. Je dis bien *adapter*, car il ne faut surtout pas forcer les idées essentielles à « remplir les cases » d'un plan fixé d'avance. C'est le contenu des documents qui conduit la logique du plan, pas l'inverse ! Voici donc un exemple de **plan de type résolution de problème**, encore appelé *plan analytique* : d'abord, la description du problème, ensuite l'explication des causes, enfin la proposition de mesures.

Personnellement, j'écris mon plan sous forme de notes suffisamment claires et détaillées pour la rédaction, mais sans jamais écrire de phrases complètes qui me feraient perdre trop de temps.

I. Ampleur du phénomène

1. Selon sondage Ifop, touche 50 % de la population française : ouvriers plus que cadres ; fortes disparités régionales

2. Écart à la norme linguistique entraîne moqueries au quotidien (stéréotypes sur comportements) et obstacles à l'embauche (surtout dans les métiers de la communication) où discrimination jugée normale

II. Causes de la glottophobie

1. Causes historiques : centralisation a imposé unilinguisme + Paris fixe norme linguistique

2. Uniformisation soutenue par médias audiovisuels relais des dirigeants

III. Solutions

Stigmatisation tenace, mais pas insoluble. 2 réponses très différentes.

1. Vivre avec : dissimuler son accent mais source de mal-être + adapter sa prononciation aux différents contextes

2. Résister : accents défendus par personnalités + proposition de loi déposée par député Christophe Euzet visant promotion des accents et pénalisation de la glottophobie.

Mon plan terminé, je vérifie qu'aucune idée importante n'a été oubliée avant de passer à la rédaction.

Étape 2 : je rédige la synthèse (de 30 à 40 minutes)

Que doit contenir une synthèse ?

Il n'y a pas de forme stricte à respecter et vous remarquerez souvent des différences entre les modèles, que ce soit dans les livres de préparation au DALF C1 ou sur les sites Internet. Alors faisons simple : quelle qualité est la plus importante aux yeux des examinateurs ? La clarté, sans aucun doute ! C'est pourquoi la synthèse devra obligatoirement comporter :

- Une courte introduction
- Un développement en 2 ou 3 parties suffisamment équilibrées
- Une mise en page qui marque clairement la progression du plan

Il n'est pas obligatoire de mettre un titre à la synthèse. **La conclusion n'est pas vraiment conseillée** sur un format de texte aussi court. Si vous souhaitez en rédiger une, contentez-vous de répondre en une phrase à la problématique posée.

Quelles sont les règles à respecter ?

– Ne pas rédiger de phrases avec les personnes *je* et *nous*. Pour rester objectif, le texte doit être rédigé à la 3ᵉ personne et utiliser des constructions impersonnelles.
– Ne pas recopier des phrases ou des groupes de mots prélevés dans les documents sources. Seul le réemploi de mots-clés est autorisé.

En reformulant directement les idées essentielles dans le tableau, comme nous l'avons vu dans l'étape 1.2, je n'ai plus besoin de relire les textes au moment de la rédaction, sauf pour d'éventuelles vérifications. La « tentation » de recopier des passages n'est donc plus à craindre !

Je peux maintenant rédiger la synthèse, **directement sur la copie du candidat**, en préparant mentalement mes phrases pour éviter les erreurs.

2.1. Je rédige l'introduction

Pour des raisons de clarté, l'introduction devra comporter obligatoirement :

– La présentation du thème
– La problématique

Pour la présentation du thème, il est possible d'utiliser des expressions comme « Ces documents traitent du phénomène de la glottophobie... » Si vous le souhaitez, vous pourrez également exposer les sources (auteur, titre...) et annoncer le plan brièvement, en une phrase. Attention à ne pas utiliser les personnes *je* et *nous*.

Dans notre exemple de sujet, je présenterai donc le thème par la définition du néologisme *glottophobie*, puis j'exposerai la problématique sous forme de question directe ou indirecte.

2.2. Je rédige le développement

Toujours pour des raisons de clarté, je pense à bien séparer les différentes parties. Si nécessaire, je commence une partie par une phrase de transition qui marque la progression du plan. D'autre part, je développe chaque idée essentielle dans un paragraphe.

J'utilise des connecteurs seulement lorsqu'ils sont nécessaires pour la clarté de mon texte. Certes, dans un examen de niveau C1, il est bon de montrer que je maîtrise une grande gamme de connecteurs. Mais je n'oublie pas que le nombre de mots est très limité !

Personnellement, je contrôle régulièrement le nombre de mots au cours de la rédaction. Comme les différentes parties d'un plan doivent rester équilibrées, je peux attribuer approximativement un certain nombre de mots à chacune et ainsi vérifier qu'elles ne soient ni trop longues ni trop courtes. Attendre la fin de la rédaction pour compter le nombre de mots, ce serait vraiment trop risqué, car il serait alors difficile de reformuler ou supprimer des phrases proprement sur la copie.

Étape 3 : je révise le texte (de 5 à 10 minutes)

C'est l'étape souvent négligée par les candidats, par manque d'organisation. Il est pourtant indispensable de consacrer au minimum 5 minutes à la révision du texte. Elle demande en effet au moins 3 relectures avec des visées différentes.

3.1. Je contrôle le contenu

Est-ce que ma synthèse contient toutes les idées importantes ? Sont-elles reformulées avec justesse et clarté ? **Au niveau C1, un candidat doit normalement disposer d'un vocabulaire riche et précis**, qui lui permet de s'exprimer avec assez d'aisance.

C'est normalement une dernière vérification. En effet, j'ai déjà effectué un contrôle à la phase du plan et tout au long de la rédaction.

3.2. Je vérifie le nombre de mots

C'est le moment de faire le décompte final des mots, selon la règle expliquée dans la consigne. Rappelons que **le non-respect du nombre de mots est fortement pénalisé** dans le cas d'une synthèse.

Ce n'est pas nécessaire de noter le nombre de mots au bas de la synthèse à l'examen, car les examinateurs devront de toute manière le vérifier !

3.3. Je vérifie la ponctuation, l'orthographe et la grammaire

Le C1 est le niveau des utilisateurs expérimentés. Mes erreurs de grammaire doivent être rares. Je contrôle bien les accords, les conjugaisons des verbes. De plus, je dois formuler correctement les phrases complexes et montrer que je sais varier les constructions.

Par ailleurs, je contrôle attentivement l'orthographe pour ne pas laisser de fautes. Je vérifie que ma ponctuation est correcte et efficace.

Modèle de synthèse

Et voici maintenant ma synthèse entièrement rédigée :

> Comment lutter contre la glottophobie ? Ce néologisme désigne toute forme de discrimination linguistique. Deux articles parus en 2020 révèlent l'ampleur du phénomène en France, mais montrent également que des solutions existent.
>
> Selon un sondage Ifop, la glottophobie concerne la moitié de la population française, les ouvriers davantage que les cadres. Il révèle également de fortes disparités régionales.
> Les accents, considérés comme écarts à la norme linguistique, suscitent des stéréotypes relatifs aux comportements. Il en résulte des moqueries au quotidien et des obstacles à l'embauche, surtout dans les métiers de la communication, où cette discrimination est jugée normale par les employeurs.

Mais d'où cette norme linguistique provient-elle ? Ses causes sont d'abord historiques, puisque c'est la centralisation qui a imposé l'unilinguisme au détriment des langues régionales. Il revenait à la capitale le pouvoir de fixer la norme du bon français.

Désormais, l'uniformisation linguistique est soutenue par les médias audiovisuels qui se font les relais du pouvoir.

Si les stigmatisations restent tenaces, la glottophobie n'est pas inévitable. Les uns s'efforcent de dissimuler leur accent, au risque d'engendrer un mal-être. Une autre solution possible est d'adapter sa prononciation aux différents contextes.

Certaines personnalités, au contraire, choisissent de résister en défendant ouvertement les langues et accents régionaux. Leur promotion pourrait s'en trouver renforcée si le projet de loi du député Christophe Euzet aboutissait. Cette loi mènerait en effet à la pénalisation des discriminations linguistiques.

229 mots

Exercice 2 : essai argumenté

Le sujet de l'essai argumenté a toujours un rapport direct avec le thème des documents pour la synthèse. C'est pourquoi il est conseillé de faire les 2 exercices dans l'ordre : lorsque vous démarrez l'essai, le sujet est devenu familier. Mais attention : il s'agit bien dans le deuxième exercice de développer des idées personnelles, avec des exemples tirés de votre expérience et de votre environnement.

L'essai argumenté est plus rapide que la synthèse. Normalement, 1 heure devrait suffire pour les 3 étapes : 1. Planifier 2. Rédiger 3. Réviser.

Sujet

Découvrez d'abord le sujet, qui comprend seulement une consigne :

Au nom d'une association qui lutte contre les discriminations en milieu professionnel, vous écrivez à la ministre du Travail pour dénoncer les discriminations linguistiques dont souffrent de nombreux salariés. Vous insistez sur leur gravité en vous appuyant sur des exemples précis et vous proposez des mesures concrètes. 250 mots minimum

Étape 1 : je planifie l'essai argumenté (de 20 à 25 minutes)

Cette grande étape comprend les opérations successives qui vont amener à **établir le plan détaillé de l'essai argumenté**.

1.1. J'analyse le sujet

Dans la plupart des cas, la consigne impose une *simulation* : le candidat doit *jouer un rôle* dans une situation donnée. Le premier travail consiste donc à bien comprendre la situation de communication et à développer son contexte. Pour cela, je vais me poser des questions très précises.

Qui suis-je selon la consigne ?

Je suis président d'une association qui lutte contre les discriminations, de toutes sortes, en milieu professionnel. Donc je n'écris pas dans un but individuel. Je ne vais pas parler des discriminations dont je souffre personnellement : je vais exposer les exemples et les témoignages que j'ai pu recueillir dans le cadre de mon activité associative.

Puisque je dois évoquer mon association dans le texte, ce serait plus réaliste d'imaginer son nom. Par exemple : association pour l'égalité au travail (EAT).

Quel est le problème ?

Mon association juge inacceptables les discriminations linguistiques dans le milieu du travail en général. De nombreux employés sont inégalement traités à cause de de leur manière de parler, etc. Même si la parution d'un livre a attiré l'attention du public sur ce problème, il intéresse encore trop peu de monde, surtout dans les entreprises.

À qui dois-je écrire ?

À la ministre du Travail. Comme c'est un membre du gouvernement, je devrai utiliser un registre de langue très formel. Par ailleurs, je dois essayer de comprendre mon destinataire, de me « mettre à sa place » pour adapter mon argumentation. C'est quelqu'un de très occupé. En comparaison avec des problèmes graves comme le chômage ou la formation professionnelle, les discriminations linguistiques ne doivent pas être la priorité de son ministère. À moi de convaincre de leur importance.

Quel type de texte ?

La consigne dit « Vous écrivez à la ministre... ». Il s'agit donc d'une **lettre formelle**. C'est d'abord un texte argumentatif, comme toujours à l'examen, mais qui doit adopter une forme particulière. Je devrai mentionner le destinataire, préciser l'objet, signer à la fin, etc. Je devrai obligatoirement employer des formules standard, notamment pour commencer la lettre et saluer le destinataire.

Dans quel but ?

En général, la consigne indique clairement le but du texte à écrire. D'une part, je dois « insister sur la gravité » des discriminations linguistiques au travail, exemples à l'appui, pour convaincre la ministre de s'en préoccuper. D'autre part, je dois lui proposer « des mesures » pour lutter contre ces inégalités. Et des mesures « concrètes », c'est-à-dire précises et applicables.

1.2. Je cherche des idées

C'est le moment de faire un gros remue-méninge (brainstorming), c'est-dire de chercher et noter rapidement les idées sur un brouillon. *J'ai le droit de reprendre dans les documents sources une ou deux idées qui me semblent pertinentes pour mon objectif, mais je dois surtout exposer mes propres arguments et exemples, tirés de ma réflexion personnelle et de mon environnement. Dans ce modèle, ils seront ancrés dans la société française qui est la mienne, mais ils peuvent provenir de tous les pays, selon l'expérience du candidat.*

D'abord, **j'ai besoin d'arguments pour exposer la gravité des discriminations linguistiques au travail** et les illustrer par des exemples précis. *Je n'oublie jamais à qui je m'adresse (mon destinataire) : mes arguments doivent convaincre la ministre de la nécessité d'intervenir. Je cherche des exemples marquants — si nécessaire, je les invente — et surtout j'évite les anecdotes sans importance qui affaibliraient mon argumentation.*

Soit, par exemple :

- Discriminations linguistiques très présentes en France, pays où même un Premier ministre — Jean Castex en 2020 — est moqué pour son accent dans la presse et les réseaux sociaux. Mais Castex a accédé aux plus hautes fonctions malgré son accent : une exception !
- La parution de livres importants (Philippe Blanchet, Jean-Michel Apathie) a attiré l'attention. Malgré tout, le phénomène reste méconnu.

- Selon une enquête Ifop publiée en janvier 2020, plus de dix millions de personnes en France seraient concernées par ces discriminations. Pourtant, cela reste un handicap invisible.
- Le phénomène ne touche pas seulement les personnalités. Tout le monde est concerné, surtout les métiers de contact (enseignement, commerce...), mais pas uniquement. Témoignage d'un ingénieur qui s'est vu refuser un poste à cause de son accent du nord.
- Pour une personne discriminée, la carrière peut devenir une véritable course d'obstacles : obstacle à l'embauche, obstacle à l'épanouissement, obstacle à l'avancement...
- Obstacle à l'embauche : l'accent sert de barrage à la sélection. On refuse un accent du sud qui évoque les vacances, qui n'annonce pas l'engagement et la performance.
- Le recruteur ne discrimine pas uniquement selon l'origine géographique, mais aussi sociale. Une prononciation typique de quartier populaire constitue un handicap lors de l'entretien d'embauche.
- Obstacle à l'épanouissement. Une des sources de souffrance au travail. Les stigmatisations engendrent un mal-être. On refuse les missions les plus intéressantes. Sanctions économiques : moins de primes, écarts de salaire.
- Obstacle à l'avancement : plus on monte dans la hiérarchie, plus le problème de l'accent se fait sentir. Les plus hautes fonctions restent réservées à ceux qui parlent selon la norme parisienne.

Ensuite, **je dois proposer des mesures concrètes**. *Là encore, je pense au destinataire : a-t-il déjà pris des mesures ? Mes propositions le concernent-elles directement ? Sont-elles réalisables ?*

Soit, par exemple :

- Faire appliquer les lois existantes avec plus de rigueur, renforcer les contrôles. Une nouvelle loi serait inutile, car toute forme de discrimination est déjà interdite au travail par le code pénal.
- Miser sur la sensibilisation : les employeurs ne doivent plus trouver normal ce type de discrimination. Rappeler aux recruteurs que les discriminations linguistiques sont sévèrement punies par la loi.
- Formation professionnelle : intégrer à la formation des futurs managers un module sur la tolérance linguistique au travail.
- Lancer une enquête. Pas encore d'enquête spécifique au travail.
- Demander au Conseil supérieur de l'audiovisuel (CSA) de sanctionner la glottophobie à la télévision, au même titre que les autres discriminations.

1.3. Je prépare le plan détaillé

C'est le moment de préparer le plan qui me guidera dans la rédaction du texte. Pour réussir un plan argumentatif, je dois :

- prévoir une introduction, un développement et une conclusion qui respectent les particularités du type de texte demandé.
- structurer mon développement en 2 ou 3 parties équilibrées, de longueur à peu près égale.

- organiser logiquement la progression du texte en fonction de l'objectif à atteindre.
- sélectionner et mettre en valeur les arguments qui peuvent être les plus convaincants pour mon destinataire.
- développer chaque argument essentiel en l'étayant par des idées secondaires et des exemples.

Dans mon exemple, on peut considérer la structure générale du développement comme déjà établie par la consigne : gravité du phénomène + solutions proposées.

Voici donc mon plan détaillé en 2 parties. *Sur un brouillon personnel, je ne rédigerais pas mes phrases et j'utiliserais des abréviations pour gagner du temps.*

Introduction

Motif du courrier — Glottophobie répandue en France, même dans les médias officiels — Cas Jean Castex, à la fois révélateur et non représentatif : malgré son « handicap », il occupe les plus hautes fonctions.

I. Une course d'obstacles

1. Obstacle à l'embauche

a. L'accent comme critère de sélection. On refuse un accent du sud qui évoque les vacances, pas l'engagement ni la performance. Pourtant, critère non recevable car sans rapport avec les compétences.

b. Discriminations non seulement géographiques, mais sociales. Une prononciation typique de quartier populaire : un handicap lors de l'entretien d'embauche. La prononciation comme cause du chômage ?

2. Obstacle à l'épanouissement

a. Frein à l'avancement : les plus hautes fonctions réservées à ceux qui parlent selon la norme parisienne. Voire sanctions économiques : moins de primes, écarts de salaire.

b. Souffrance au travail : difficile à croire, mais graves conséquences d'un simple accent. Dans les entreprises les moins tolérantes, souffrance au travail avec pathologies liées : stress, dépression.

II. Mesures proposées

1. Appliquer la loi existante

a. Inutilité d'une nouvelle loi : prononciation, comme la couleur de peau = attribut de la personne. Refuser cela c'est rejeter la personne, donc c'est discriminant. Or, toutes formes de discrimination au travail déjà interdites par le code pénal.

b. Rappeler la loi aux recruteurs : envoyer circulaire aux entreprises.

c. Mais difficile à appliquer : comment prouver une discrimination linguistique devant un tribunal ?

2. Lancer une enquête

a. Pas encore d'enquête spécifique au travail. Permettrait de prendre des mesures pour sensibiliser les différents acteurs.

b. Proposition d'aide : notre association prête à communiquer les données recueillies.

Conclusion

Appel à l'action — Salutations

Étape 2 : je rédige l'essai argumenté (de 25 à 30 minutes)

Avec un plan suffisamment détaillé, je peux maintenant passer à la rédaction sans crainte d'oublier des idées importantes. C'est le moment de **me rappeler les règles à respecter selon le type de texte**.

Que doit contenir une lettre formelle ?

Contrairement à d'autres types de textes, une lettre formelle doit respecter une norme. En effet, elle doit obligatoirement comporter :

- Une mise en page qui distingue clairement *l'en-tête* (coordonnées, date, objet...), le *corps* (partie centrale) et le *pied de page* (signature, post-scriptum...) ;
- Des formules standard (donc à connaître *par coeur*) pour saluer au début de la lettre (formule d'appel) et à la fin (formule de salutations).

À l'examen, il n'est pas obligatoire de rédiger un en-tête conforme à une vraie lettre. Je peux mettre mes coordonnées en haut à gauche de la page si je le souhaite, mais ce sont des détails qui ne compteront pas dans l'évaluation. D'ailleurs, je dois veiller à laisser ma copie *anonyme* : je ne communique aucune information personnelle qui pourrait permettre au correcteur de m'identifier.

En revanche, **je recommande d'ajouter tous les détails utiles à la simulation**, qui prouveront aux correcteurs que la consigne est bien comprise. Dans mon exemple, j'indiquerai le destinataire et l'objet de la lettre. Je préciserai dans la signature que je suis le président de l'association EAT, etc.

2.1. Je rédige l'introduction

L'introduction à une lettre formelle comprend obligatoirement :

- Une formule d'appel pour saluer le destinataire : *Madame la Ministre,*
- La qualité de l'expéditeur, c'est-à-dire son rôle, ou les circonstances qui l'amènent à écrire la lettre : *En tant que président de l'association...*
- Le motif du courrier : *je me permets de vous écrire pour...*

La lettre formelle n'étant pas un exercice académique, il n'est pas dans l'usage d'annoncer le plan d'une manière détaillée. On se contente d'indiquer la motivation et, éventuellement, le contenu général. *Il existe des structures et formules typiques pour introduire une lettre. En connaître au moins une par coeur fera gagner du temps ! Voir le modèle de production à la fin de cette partie.*

2.2. Je rédige le développement

Selon mon plan, je dois rédiger 2 parties que je vais bien séparer sur ma feuille pour les mettre en évidence. Toujours pour des raisons de clarté, à l'intérieur de chaque partie, je vais développer une seule idée essentielle par paragraphe.

Je soigne particulièrement les transitions entre les différentes parties du plan. De même, j'utilise des connecteurs complexes et variés pour relier les idées. Mon texte devra donner une impression de fluidité où les arguments s'enchaînent logiquement.

J'exprime mon point de vue personnel avec précision et nuance. J'emploie un vocabulaire riche et varié pour exposer une opinion, formuler des jugements, des concessions, etc.

Je pense à varier la construction des phrases. J'évite les phrases trop courtes et trop simples, surtout dans un contexte formel.

Comme je rédige directement sur la copie du candidat, je dois constamment contrôler l'orthographe et la grammaire bien sûr, mais également :

- **La longueur du texte :** contrairement à la synthèse, c'est seulement un minimum que la consigne impose. Mais, je pense à équilibrer mes parties. *J'évite ainsi une erreur très fréquente, qui consiste à développer trop longuement la première partie et à négliger la seconde.*
- **Le registre de langue.** Dans mon exemple, il s'agit d'un contexte très formel. J'évite donc toutes les structures orales et les mots familiers.
- **Les répétitions :** elles sont peu tolérées au niveau C1. Je pense donc à employer différents procédés pour reprendre des concepts sans répéter les mêmes mots.

2.3. Je rédige la conclusion

Là encore, je dois bien respecter le type de texte. Dans une lettre formelle, je ne vais pas résumer tous mes arguments comme je le ferais dans un essai académique. Le contenu de la conclusion va dépendre de l'objectif de la lettre qui a été imposé par la consigne. Dans mon exemple, je pourrais conclure par une formule qui appelle mon destinataire à l'action.

Mais dans tous les cas, une lettre formelle doit se terminer par :

- Une formule de remerciements ;
- Une formule de salutations ;
- La signature de l'expéditeur : prénom, nom et, éventuellement, qualité.

Étape 3 : je révise l'essai argumenté (de 5 à 10 minutes)

Comme pour la synthèse, je dois prévoir assez de temps pour effectuer au minimum 2 révisions : d'abord le contenu, ensuite la forme.

3.1. Je contrôle le contenu

Est-ce que j'ai bien respecté la simulation et fourni les informations utiles : destinataire, objet... ? Est-ce que mon développement contient toutes les idées que j'avais préparées dans mon plan ? Sont-elles clairement exprimées ? Est-ce que j'ai oublié un exemple ? Ai-je rédigé correctement les formules de salutations ?

3.2. Je vérifie le nombre de mots

Je fais un dernier compte : ai-je bien un minimum de 225 mots ? Il y a en effet une marge de tolérance de 10 %. En-dessous, mon texte serait sanctionné.

3.3. Je vérifie la ponctuation, l'orthographe et la grammaire

Rappelons-le : à ce niveau, les erreurs de langue doivent être rares. Je contrôle soigneusement le respect des règles qui sont faciles à oublier : l'accord des adjectifs et des participes passés, le choix des modes verbaux, les pronoms COD ou COI, etc.

Surtout, j'apporte les corrections nécessaires en m'efforçant de garder la copie du candidat suffisamment propre et lisible.

Modèle d'essai argumenté

Et voici maintenant mon texte entièrement rédigé :

Association pour l'égalité au travail (AET)
23, rue Victor Hugo
75016 Paris

Paris, le 5 février 2021

À l'attention de madame la ministre du Travail

Objet : discriminations linguistiques au travail

Madame la Ministre,

Au nom de l'association EAT, je me permets d'attirer votre attention sur les discriminations linguistiques au travail. En effet, la France est un pays où on se moque du Premier ministre simplement pour son accent. Un cas révélateur de la glottophobie qui s'exprime ouvertement, y compris dans les médias officiels. Jean Castex reste néanmoins une exception, car son « handicap » ne l'empêche pas d'occuper les plus hautes fonctions.

Ce n'est pas le cas de nombreux travailleurs discriminés, qui vivent leur carrière comme une course d'obstacles. Obstacle à l'embauche tout d'abord, où la manière de parler est assumée comme critère de sélection. Un recruteur refusera un accent du sud sous prétexte qu'il évoque les vacances au soleil... Un tel critère, sans lien avec les compétences, est inadmissible. Par ailleurs, les discriminations sont non seulement géographiques, mais sociales : une prononciation typique d'un quartier populaire compromettra le succès d'un entretien. Le chômage à cause d'un accent ? Nous pouvons vous assurer que c'est la triste réalité dans notre pays.

Même embauché, le travailleur continue à souffrir de son handicap. Les plus hautes fonctions sont massivement réservées aux cadres qui s'expriment selon la norme parisienne. Nous avons même constaté des sanctions économiques, comme des écarts de salaire. Bien que cela paraisse difficile à croire, les conséquences d'un simple accent peuvent être dramatiques. Dans les entreprises les moins tolérantes, ces stigmatisations engendrent une souffrance au travail avec les pathologies qui l'accompagnent, telles que la dépression.

En conséquence, nous souhaiterions insister sur la nécessité de prendre des mesures. Il nous semblerait inutile d'adopter une nouvelle loi. En effet, comme la couleur de peau, une prononciation est un attribut de la personne et son refus au travail est, de fait, puni par le code pénal. C'est, en revanche, l'application qui reste problématique : trop d'employeurs continuent à trouver normales les discriminations linguistiques. Nous suggérons donc l'envoi d'une circulaire rappelant les entreprises au respect de la loi. Cependant, comment prouver une telle infraction devant un tribunal ?

C'est pourquoi il nous paraît urgent d'étudier ce fléau encore méconnu dans le monde du travail. Seule une enquête à grande échelle permettrait d'adopter des mesures de sensibilisation. Celle-ci nous paraît plus efficace à long terme que la répression. Dans ce cadre, notre association serait prête à vous communiquer toutes les données recueillies au cours de ses activités.

Nous espérons vous avoir convaincue de la nécessité d'intervenir contre les discriminations linguistiques qui causent tant de souffrance au travail et nous tenons à votre disposition pour toute information complémentaire.

En vous remerciant de votre attention, nous vous prions d'agréer, Madame la Ministre, l'expression de notre très haute considération.

Jean Calvi,
Président de l'association EAT.

Production guidée 1 : la synthèse

Dans cette partie, nous faisons l'exercice de synthèse ensemble, pas à pas. Nous suivrons ces 3 grandes étapes :

1. Planifier : préparer le plan détaillé
2. Rédiger : écrire le texte
3. Réviser : contrôler les erreurs

À chaque étape, je vous guiderai dans la production de la synthèse. Des activités vous permettront d'apprendre la méthodologie ou d'aborder les points de grammaire et de vocabulaire utiles pour réussir l'exercice.

Mais commençons par découvrir notre sujet de synthèse.

Sujet de synthèse

CONSIGNE

Vous faites une synthèse des documents proposés.

Pour cela, vous dégagez les idées et les informations essentielles qu'ils contiennent, vous les regroupez et les classez en fonction du thème commun à tous ces documents, et vous les présentez avec vos propres mots, sous forme d'un nouveau texte suivi et cohérent.

Attention :

– Vous devez rédiger un texte unique en suivant un ordre qui vous est propre, et non mettre deux résumés bout à bout ;
– Vous ne devez pas introduire d'autres idées ou informations que celles qui se trouvent dans les documents, ni faire de commentaires personnels ;
– Vous pouvez bien entendu réutiliser les « mots-clefs » des documents, mais non des phrases ou des passages entiers.

DOCUMENT 1

Cours en présentiel ou à distance : une rentrée hybride

La rentrée a tout d'explosif. La recrudescence du virus, conjuguée au retour de milliers d'étudiants sur les campus, a déjà provoqué des clusters et pour certains établissements, des fermetures : Sciences-Po Reims et Lille, universités de Poitiers, Bordeaux, Nice, Aix-Marseille, etc. Difficile de savoir combien de temps n'importe quelle formation pourra rester ouverte. Dès lors, un sujet est sur toutes les lèvres : l'enseignement en ligne.

Des formations à distance, l'Université Paris-Nanterre en propose depuis plus de 50 ans. « Nous avons connu les cours par voie postale, radio, CD-ROM, Internet… », relate François Regourd, vice-président Initiatives pédagogiques et numériques. Mais si le RER A qui mène à Nanterre est moins rempli que d'habitude, c'est que le e-learning a franchi un nouveau stade. « Nous opérons un roulement, avec maximum 50 % des étudiants présents sur site en même temps », explique-t-il. Seule manière de respecter la distanciation physique. [...]

Phygitale, comodale, multimodale, mixte, hybride, autant de termes nouveaux qui racontent la même histoire, celle d'une rentrée 2020 bien différente des autres. Solution choisie par la plupart des établissements : séparer les classes en deux. Le premier groupe sera présent une semaine, quand les autres suivront à distance, avant d'inverser. « Cela chamboule l'organisation », concède Pierre Grégé, directeur du développement de Next-U Education Group, qui rassemble cinq écoles dont l'Escen, école de commerce, ou encore Webtech Institute pour le numérique. Pour y parvenir, les écoles doivent distinguer les enseignements. « Le confinement a montré que la partie théorique peut être délivrée aussi efficacement en ligne. En revanche, pour la partie pratique, la présence physique nous semble irremplaçable. »

« Nous travaillons depuis longtemps sur le sujet et proposons déjà certains enseignements en ligne », souligne Valérie Fernandes, doyenne de la faculté d'Excelia Group, à La Rochelle et Tours, qui utilise une autre appellation, HyFlex, pour définir ce modèle d'études hybride et flexible. « Il est vrai, qu'aujourd'hui, un cap a été franchi, » reconnaît-elle. Pour un groupe comme Excelia, qui compte près de 30 % d'étudiants internationaux dans ses rangs, l'hybridation était un passage obligé. Si certains d'entre eux ont pu rejoindre la France, beaucoup suivront leurs premiers mois d'études depuis leur pays d'origine et rencontreront leurs camarades par chat interposé, en attendant de les rejoindre.

Le confinement a vu l'enseignement passer entièrement en ligne en moins de deux semaines, parfois quelques jours. « Nous pouvons être fiers du travail accompli. Jamais nos cours ne se sont arrêtés. Mais la période a aussi permis de montrer que le e-learning n'était pas optimal pour toutes les disciplines, ni toutes les personnalités », estime Pierre Grégé. Convaincant pour les matières scientifiques, « où les étudiants ont même gagné quelques points », il l'est bien moins pour d'autres domaines, la négociation, par exemple, « où la dimension physique, voire théâtrale, demeure incontournable », selon lui.

Même constat dans les formations axées sur la pratique, dans lesquelles la présence a terriblement manqué. « Nous ne voyons pas le futur de notre enseignement à distance. Nous voulons de la présence ! », plaide Kévin Gueneguan, président de AD Education, groupe qui compte plus d'une douzaine d'écoles à dominante créative. [...]

Le chiffre : 98,5 % des étudiants dans le monde ont vu leur établissement fermer au cours de la pandémie. Source : Unicef, 2020

Nicolas chalon, *Le Parisien Étudiant*, 6/10/2020

DOCUMENT 2

L'engouement pour l'enseignement à distance sera-t-il durable ?

L'e-learning, l'enseignement à distance grâce aux ressources numériques, n'est pas une méthode nouvelle, mais son utilisation dans différents secteurs s'est généralisée dans le contexte de la pandémie de Covid-19, notamment aux Émirats arabes unis. Au sein de la GEMS International School située dans le quartier de Dubai Hills à Dubaï, comme dans de nombreux autres établissements, la plupart des élèves sont revenus en classe à la rentrée, mais leurs cours se font désormais en présentiel et à distance.

« Pour moi, les derniers mois étaient comme une phase d'apprentissage : je n'ai pas bien vécu ce manque de contacts, je le reconnais, mes élèves m'ont manqué, mon enseignement aussi, les classes également, » confie Mike Kraher, directeur de l'enseignement en mathématiques au sein de cette école, avant d'ajouter : « Mais j'ai réussi à maintenir une très grande qualité des cours. Il est clair que désormais, j'ai amené la technologie en classe : quand j'utilise la tablette, j'essaie d'intégrer toutes ces choses techniques, elles présentent de grands avantages, » fait-il remarquer. [...]

« L'e-learning doit jouer un rôle, mais ce n'est pas la panacée, » affirme Simon Herbert, directeur de la GEMS International School. « Dans l'éducation, on dit souvent : *C'est la grande nouveauté, c'est ce qu'il nous faut pour résoudre toutes les difficultés*. Mais au final, ce n'est pas si efficace, » dit-il. « Il faut s'intéresser aux meilleures plateformes, au meilleur enseignement et réaliser que certaines pratiques sont meilleures, même au sein de notre groupe, pour apprendre des autres et partager notre expérience dans le monde, » insiste-t-il. [...]

Dans certains domaines, l'enseignement mixte en présentiel et en distanciel a déjà montré son efficacité. Un programme mené par une entreprise locale vise à former enseignants et formateurs aux compétences essentielles dans leur métier à l'avenir. « On n'a pas attendu la pandémie, mon équipe et moi, pour promouvoir l'idée que l'innovation dans l'éducation ne se résume pas à prendre un contenu et à le mettre en ligne, » assure Raya Bidshahri, fondatrice et PDF de Awecademy. « Il faut aussi être innovant au niveau des programmes, de la pédagogie, des méthodes d'enseignement et de la manière dont on structure un cours et des activités : au sein de notre académie, on innove en matière de technologie, mais aussi dans la conception de programmes et de méthodes d'évaluation alternatives, » déclare-t-elle.

Si l'enseignement à distance a été mis en place par mesure de sécurité, beaucoup craignent cette « déscolarisation » physique. « Ce qui m'a plu avec l'enseignement à distance, c'est que je pouvais rester confortablement installé chez moi, » estime Muhammad, un élève adolescent. « Mes amis m'ont beaucoup manqué : c'est quelque chose que tous les élèves attendaient, de savoir quand on pourrait revoir nos camarades, » estime sa camarade Aliza. La jeune Jana indique pour sa part : « Quand on a commencé l'école à la maison en mars, je n'ai pas aimé ; cette interaction, cette motivation, le fait de revoir mes amis, les professeurs — ce qu'on a pu faire en septembre —, c'est toute cette expérience qui nous avait manqué de mars à la fin juillet, » dit-elle. Yasseen lui s'est fait une opinion tranchée : « L'école à distance, c'est plus cool, il y a moins de stress. » [...]

L'intérêt du e-learning est indéniable pour acquérir des compétences ou se réorienter professionnellement. Mais dans l'enseignement ordinaire, c'est l'approche combinée — en classe et à distance — qui marquera probablement l'avenir du monde de l'éducation à Dubaï. [...]

Natalie Lindo, *Euronews*, 23/10/2020

1. Planifier la synthèse

Le but de cette étape est de **préparer le plan détaillé de la synthèse** avant de passer à la rédaction. Il s'agira, de s'éloigner *progressivement* des documents sources pour produire un nouveau texte.

Cette étape nécessite un bon niveau de compréhension écrite de la presse d'actualité. Au niveau C1, vous devez déjà connaître la structuration d'un article de presse (titre, chapeau, intertitres...) et vous devez comprendre des articles de presse longs et difficiles, sur des thèmes d'actualité variés (voir les thèmes essentiels en annexe).

Nous ne pourrons pas travailler la compréhension générale dans ce guide consacré à la production écrite. En revanche, nous aborderons **les techniques de lecture indispensables pour réussir une synthèse :**

– Dégager une problématique à partir des documents ;
– Distinguer les idées essentielles/idées secondaires/exemples ;
– Choisir et préparer un type de plan pertinent.

Alors, prêt pour l'étape ? Suivez le guide ! Avant tout, rappelons les règles de la synthèse.

Activité 1 - Règles générales de la synthèse

Quelles sont les règles générales d'une synthèse au DALF C1 ? Répondez par Vrai ou Faux.

A. Il faut faire un résumé de chaque document.
B. La synthèse doit suivre l'ordre des documents.
C. Il faut rédiger seulement un texte.
D. La synthèse doit suivre un plan.
E. Les opinions personnelles sont autorisées.
F. Il est interdit de reprendre les mots des documents.

1.1. Faire une lecture globale

Commençons par prendre connaissance des documents pour en comprendre le sens général, afin de dégager une *problématique* pour notre synthèse. Mais d'abord, un bref rappel de cette notion qui n'est pas toujours claire pour les candidats :

Activité 2 - Définition d'une problématique

Qu'est-ce qu'une problématique ? Cochez les bonnes réponses.

A. C'est le thème commun des documents.
B. C'est une question posée au lecteur.
C. Elle sert à organiser les idées.
D. Elle est posée dans l'introduction.
E. Elle n'est pas nécessaire dans une synthèse.

Pour une lecture globale rapide et efficace, essayons de répondre aux 5 questions suivantes :

A. Problème ?
B. Sources ?
C. Circonstances ?
D. Intentions ?
E. Problématique ?

Il ne s'agit pas encore d'une compréhension détaillée. Nous devons rester concentrés sur le sens général et passer les mots inconnus.

Activité 3 - Les 5 questions à se poser

Lisez rapidement les 2 documents et répondez aux questions suivantes.

A. Quel est le problème posé par les documents ?

B. Quelles sont les sources de chaque document ?

C. Quelles sont les circonstances de publication ? Justifiez votre réponse en citant des passages des documents.

D. Quelles sont les intentions ?

E. Quelle problématique choisir ?

1.2. Relever les idées importantes

Après la lecture globale, procédons maintenant à une lecture détaillée des documents pour y relever les idées importantes (essentielles et secondaires) qu'il faudra conserver pour la synthèse. Apprendre à repérer rapidement ces idées est un objectif prioritaire. Mais commençons immédiatement par un exemple.

Activité 4 - Repérer les idées dans un paragraphe

A. Lisez le premier paragraphe du document 1 et relevez les informations demandées.

« La rentrée a tout d'explosif. La recrudescence du virus, conjuguée au retour de milliers d'étudiants sur les campus, a déjà provoqué des clusters et pour certains établissements, des fermetures : Sciences-Po Reims et Lille, universités de Poitiers, Bordeaux, Nice, Aix-Marseille, etc. Difficile de savoir combien de temps n'importe quelle formation pourra rester ouverte. Dès lors, un sujet est sur toutes les lèvres : l'enseignement en ligne. »

— Idée essentielle du paragraphe :

— Idée secondaire 1 :

— Idée secondaire 2 :

— Exemples :

B. Quelle est la fonction générale de ce paragraphe ?

C. À quoi servent les idées secondaires ?

1.2.1. Comment définir une idée essentielle ?

À cette étape, il est indispensable de bien distinguer une idée essentielle, une idée secondaire et un exemple. *Prenons le temps de faire un rappel, car c'est capital pour réussir la synthèse.*

Activité 5 - Définition de l'idée essentielle

Les affirmations suivantes sont-elles vraies (V) ou fausses (F) ?

A. Une idée est essentielle si elle est très importante pour le lecteur.
B. Une idée est essentielle si elle est très importante pour la cohérence du texte.
C. Une idée essentielle apporte une nouvelle information dans le déroulement du texte.
D. Chaque idée essentielle est normalement séparée par un paragraphe.
E. Une idée essentielle doit être obligatoirement utilisée dans la synthèse.
F. Une idée essentielle est toujours exprimée au début d'un paragraphe.
G. Une idée secondaire sert à développer ou à justifier une idée essentielle.
H. On peut réutiliser quelques exemples dans le plan de la synthèse.

Activité 6 - Relever des idées essentielles

Relevez et reformulez sous forme de notes chaque idée essentielle du document 1. Puis, relisez vos notes pour vérifier la cohérence dans la progression des idées.

À retenir
Dans un texte, les idées essentielles se suivent logiquement selon l'intention de l'auteur. En notant ces idées, nous devons donc obtenir un résumé qui met en évidence la progression du texte.

1.2.2. Comment repérer les idées essentielles ?

Comme vous avez pu le constater dans l'activité 6, l'idée essentielle ne se trouve pas toujours à la même position dans un paragraphe. Essayons maintenant de distinguer les structures de paragraphes les plus fréquentes. Cela pourra accélérer le repérage des idées essentielles.

Reprenons l'exemple de ce premier paragraphe :

« La rentrée a tout d'explosif. La recrudescence du virus, conjuguée au retour de milliers d'étudiants sur les campus, a déjà provoqué des clusters et pour certains établissements, des fermetures : Sciences-Po Reims et Lille, universités de Poitiers, Bordeaux, Nice, Aix-Marseille, etc. Difficile de savoir combien de temps n'importe quelle formation pourra rester ouverte. **Dès lors, un sujet est sur toutes les lèvres : l'enseignement en ligne.** »

On constate que l'idée essentielle se trouve exprimée à la fin du paragraphe. Les idées secondaires servent à présenter le contexte (circonstances, causes, etc.). **L'idée essentielle apparaît alors comme une conséquence logique de la situation**, ce que montre bien l'emploi du connecteur *dès lors*. L'auteur donne ainsi une grande force à l'idée, en l'exposant comme inévitable. Cette structure de paragraphe est celle d'une *déduction logique*. C'est un procédé efficace, notamment pour introduire le sujet d'un article comme ici.

La *déduction logique* est une structure de paragraphe courante en français, mais il en existe d'autres, qui sont plus fréquentes :

- *Le développement* : on commence par exprimer l'idée essentielle (IE), puis on y apporte des informations complémentaires, ou on la défend s'il s'agit d'un argument, par une ou plusieurs idées secondaires (IS). On a donc ce schéma : **IE** + IS + IS...
- *L'encadrement* : c'est une variante de la précédente. On l'utilise quand l'idée essentielle ne peut pas être exprimée tout de suite, car on a besoin d'apporter des informations pour l'introduire ou d'établir un lien avec le paragraphe précédent. On a donc une introduction, puis l'idée essentielle, enfin son développement. Le schéma est : IS... + **IE** + IS...

Activité 7 - Identifier les structures de paragraphes

Observons les différentes structures de paragraphes dans nos documents.

A. Quel est le type de paragraphe le plus utilisé dans le document 1 : *développement* ou *encadrement* ?

B. Cherchez des exemples de paragraphes dans le document 2 :

— Développement :

— Encadrement :

1.2.3. Cas particuliers

Dans la presse écrite, on ne varie pas seulement les structures de paragraphes, mais aussi la manière de formuler les idées importantes. En effet, les journalistes ne les expriment pas toujours directement. Pour apporter des preuves et rendre un texte plus vivant, ils peuvent employer :

- **Des citations** : selon le développement du paragraphe, une citation peut exprimer une idée essentielle ou la justifier. Dans tous les cas, il ne faut jamais recopier une citation dans la synthèse. Il faut reformuler l'idée qu'elle exprime.
- **Des informations chiffrées** : nous relèverons un chiffre très important, mais pas ceux qui servent d'illustration. Toutefois, une série

de chiffres peut servir à exprimer indirectement une idée importante. Dans ce cas, il convient de l'exprimer clairement dans la synthèse.

– **Des exemples** : en général nous ne les relèverons pas. Toutefois, une suite d'exemples peut servir à exprimer une idée importante. Dans ce cas également, il est nécessaire de retrouver le sens et de l'exprimer clairement dans la synthèse.

Bref, il ne faut pas négliger les citations, les chiffres et les exemples, car ils peuvent servir à exprimer indirectement une idée essentielle ou secondaire. Dans ce cas, vous devrez exprimer clairement l'idée dans la synthèse, avec vos propres mots.

Activité 8 - Relever des cas particuliers

Dans le document 2, retrouvez les paragraphes où les idées sont exprimées indirectement par des citations.

1.2.4. À vous !

Activité 9 - Production guidée

Complétez les notes de l'activité 6 en relevant toutes les idées essentielles et secondaires pour les 2 documents. Adoptez une présentation des notes qui facilitera la comparaison des 2 documents à l'étape suivante.

À retenir

Pour gagner du temps, vous devrez relever les idées sous forme de notes, sans rédiger des phrases complètes. À vous de trouver la technique la plus efficace pour la synthèse : elle doit faciliter la comparaison des idées entre les 2 documents d'une part, la rédaction de la synthèse d'autre part. Une prise de notes sous la forme d'un tableau qui suit la progression de chaque document, paragraphe après paragraphe, semble une bonne solution.

1.3. Préparer un plan détaillé

Nous avons maintenant une version simplifiée de chaque document qui va nous aider à trouver leurs points communs et leurs différences. Cette comparaison des idées est indispensable pour structurer le plan de la synthèse.

1.3.1. Comparer les idées

Logiquement, nous procéderons du général au particulier. À ce stade, nous nous attacherons surtout aux idées essentielles. En effet, ce sont elles qui vont fournir les grands axes (les grandes parties) du plan.

Activité 10 - Comparaison générale

Quel rôle joue chacun des 2 documents dans l'explication du problème ?

Quelle est leur opinion générale sur l'enseignement en ligne ?

Activité 11 - Comparer les idées essentielles

Répondez aux questions suivantes dans l'ordre.

A. Quelles idées essentielles se répètent dans les 2 documents ?

B. Selon les idées relevées dans la question A, quels grands axes allons-nous adopter pour notre futur plan ?

C. Quelle relation peut-on relever entre les idées 1.3 (document 1, paragraphe 3) et 2.2 ? Entre les idées 1.6 et 2.5 ?

D. À quels grands axes du plan pourrait-on rattacher les idées de la question C ?

E. Pouvons-nous confirmer la problématique posée pendant la lecture globale (voir section *1.1. Faire une lecture globale*) ?

À retenir

Cette étape est indispensable dans le choix du plan. Elle permet de regrouper et de hiérarchiser les idées essentielles en identifiant celles qui :
— se répètent
— se complètent
— s'opposent
— se nuancent

1.3.2. Choisir un plan pertinent

Il n'existe pas de plan *universel* que nous pourrions utiliser dans tous les exercices. En revanche, un plan de synthèse doit respecter obligatoirement certaines règles. Commençons donc par les rappeler.

Activité 12 - Les qualités d'un plan de synthèse

Les affirmations suivantes sont-elles vraies (V) ou fausses (F) ?

A. Chaque partie constitue un élément de réponse à la problématique.
B. Le plan doit reprendre toutes les idées importantes des documents.
C. Le plan doit exposer séparément les idées de chaque document.
D. Le plan doit comprendre 2 ou 3 parties de longueur à peu près égale.
E. Le nombre de paragraphes dans chaque partie est libre.
F. Le plan peut répéter des idées si elles sont très importantes.

S'il n'existe pas de plan unique, **il est toujours possible de s'inspirer des types de plan « classiques »**, notamment :

- **Le plan descriptif :** il permet de décomposer un problème en différents thèmes, aspects ou catégories.

- **Le plan par résolution de problème :** il commence par exposer la situation et ses conséquences, ensuite il analyse les causes et enfin propose des solutions. *Nous en avons déjà vu un exemple dans le modèle d'épreuve.*
- **Le plan dialectique :** il est fréquent pour l'argumentation. En 2 parties, il se contente de présenter les arguments pour ou contre et d'exposer brièvement l'opinion finale dans la conclusion. En 3 parties, il commence par exposer un point de vue (*thèse*), ensuite il expose un point de vue opposé (*antithèse*). Enfin, la troisième partie essaie de dépasser les oppositions (*synthèse*).

Activité 13 - Choisir un plan

Parmi ces plans généraux, lesquels sont acceptables pour notre synthèse ? Justifiez votre choix.

Plan A

- L'enseignement à distance à Doubaï
- L'enseignement à distance en France
- Les avantages du modèle hybride

Plan B

- Les arguments favorables à l'enseignement en ligne
- Les arguments défavorables à l'enseignement en ligne

Plan C

- Le modèle hybride comme solution d'avenir
- Les inconvénients de l'enseignement en ligne
- Les avantages de l'enseignement en ligne

Plan D

- Nécessité de l'enseignement en ligne
- Inconvénients de l'enseignement en ligne
- Une solution durable : le modèle hybride

Plan E

- Le modèle hybride dans mon pays
- Les avantages du modèle hybride

Plan F

- L'enseignement en ligne
- Le modèle hybride
- La visioconférence

> **À retenir**
> C'est toujours le contenu des documents qui doit décider du plan final, non l'inverse. Il faut absolument éviter de fixer un plan avant la lecture détaillée des documents et de « forcer » les idées à entrer dedans.

1.3.3. Organiser chaque partie

Rappelons l'importance d'établir un plan le plus détaillé possible. Même s'il prend beaucoup de temps, nous en regagnerons à la rédaction qui sera beaucoup plus rapide. Il permettra, d'une part, de ne pas oublier des idées importantes. D'autre part, il évitera de trop nombreuses corrections qui finiraient par rendre la copie du candidat illisible.

Une fois que nous avons trouvé notre plan général, nous devons développer chaque partie. Là encore, il faut veiller à bien **organiser le contenu selon une progression logique en 2 ou 3 points**. Il ne s'agit pas de « remplir » les parties avec des listes d'idées désordonnées.

Prenons l'exemple d'un **plan de type dialectique** en 3 parties. Comme nous l'avons vu dans la section précédente, la première partie exposera les nécessités de l'enseignement en ligne. La deuxième critiquera ce mode de formation. Enfin, la troisième démontrera qu'un modèle hybride est une solution préférable dans la durée. Comment organiser cette première partie ? Elle devrait logiquement contenir un exposé de la situation : pourquoi l'enseignement en ligne est-il nécessaire ?

Activité 14 - Détailler une partie

Complétez le plan détaillé de la première partie.

I. Enseignement en ligne généralisé

1. Enseignement en ligne pas nouveau, mais situation sanitaire impose généralisation

a. Pandémie avait entraîné fermeture plupart établissements universitaires

b. ...

2. ...

a. Depuis début pandémie, apprentissage professeurs nécessaire pour s'adapter au manque de présence

b. ...

c. ...

1.4. Production guidée, étape 1

Nous avons vu les techniques essentielles pour planifier une synthèse. C'est à vous de jouer maintenant !

Activité 15 - Production guidée

Préparez le plan détaillé de la synthèse. Vérifiez bien qu'il répond à votre problématique et que vous n'avez oublié aucune idée importante. Puis, comparez avec le modèle proposé dans les corrigés.

1.5. Point stratégie

Des conseils et des idées d'activités pour une préparation encore plus efficace, en travaillant seul (en solo) ou avec un ami (en tandem).

En solo

A. Améliorer son niveau de compréhension écrite. Comprendre rapidement les idées essentielles d'un article de presse est indispensable pour réussir l'examen de DALF C1, en particulier pour l'exercice de synthèse. Commencez par vérifier votre niveau en lisant quelques exemples de sujets. Si vous avez trop de difficultés à comprendre les documents, vous aurez besoin d'un entraînement intensif. Pour cela, lisez régulièrement la presse française (voir les liens utiles en annexe) sur les thèmes d'actualité fréquents à l'examen (voir les thèmes essentiels en annexe). Entraînez-vous à identifier *rapidement* le sens global d'un article. N'essayez pas de comprendre tous les mots, ce serait une fatigue inutile.

B. Prendre des notes efficaces. Si vous ne le faites pas encore, entraînez-vous à noter *directement en français*, car le passage par la langue maternelle prend plus de temps et augmente les risques d'erreur. D'autre part, utilisez des abréviations pour aller plus vite. Par exemple, « beaucoup » peut se noter « bcp ». Les abréviations sont personnelles, mais vous trouverez sur Internet des listes qui pourront vous aider à choisir. Pensez également à adopter une mise en forme efficace pour vos notes : préférez-vous les listes ordonnées, les tableaux, les cartes conceptuelles... ? Vous ne perdrez pas votre temps : la capacité à prendre des notes est essentielle non seulement pour **l'examen, mais aussi plus généralement pour les études.**

C. Utiliser un dictionnaire efficacement. Si le dictionnaire est interdit à l'examen, cela ne vous empêche pas de l'utiliser pendant votre préparation. Mais, il faut bien s'en servir. Lorsque vous rencontrez un mot nouveau, demandez-vous d'abord s'il est indispensable pour relever une idée importante. Si non, passez-le. *On peut réussir une synthèse sans comprendre tous les mots des documents.* Si oui, essayez d'abord de deviner le sens grâce au contexte. Si vous ne pouvez pas, alors consultez un dictionnaire *monolingue* (français-français) pour éviter les erreurs de traduction. Par ailleurs, préférez un dictionnaire qui propose des phrases illustrant les différents sens d'un mot (voir les liens utiles en annexe).

En tandem

D. Rester objectif. Dans l'exercice de synthèse, le risque est de faire une lecture subjective, c'est-à-dire de relever les idées qui paraissent importantes pour nous, et non pour la problématique et la cohérence du texte. C'est pourquoi le travail en tandem est particulièrement utile à l'étape de planification. Après le relevé individuel des idées importantes, comparez les résultats. Vérifiez qu'il n'existe pas de grandes différences. Relisez dans les documents les passages qui posent problème et mettez-vous d'accord pour finaliser un relevé commun des idées.

E. Coopérer efficacement. En commun, choisissez un thème qui vous intéresse. Individuellement, cherchez un article de presse qui traite de ce thème. Ensuite, mettez les 2 articles en commun et vérifiez que la problématique est bien la même. Puis, individuellement, relevez les idées importantes d'un seul article. Enfin, chaque membre présente ses notes oralement. Cette coopération est très utile, car rapporter les idées importantes d'un texte oblige à être clair et précis. Cela permet bien souvent de repérer des incompréhensions et des incohérences.

Et n'oubliez pas que vous pouvez demander de l'aide dans le groupe Facebook de commun français.

2. Rédiger la synthèse

Votre plan est prêt ? Il est temps de passer à la rédaction. **Le but de cette étape est d'écrire une première version de votre synthèse**, avant de passer à la révision pour contrôler les erreurs.

Cette étape nécessite un bon niveau général d'expression écrite. Vous devez notamment disposer d'un vocabulaire assez riche pour reformuler les idées avec vos propres mots. Si vous avez besoin de vous améliorer, vous trouverez des ressources dans les liens utiles en annexe.

Dans cette partie, nous concentrerons nos efforts sur **les objectifs de rédaction indispensables pour réussir une synthèse :**

- Adopter une mise en page efficace
- Introduire une synthèse
- Reformuler des idées
- Reformuler des informations chiffrées
- Rapporter un point de vue
- Rédiger avec concision

Alors, prêt pour l'étape ? Suivez le guide ! Pour commencer, rappelons rapidement les règles de rédaction d'une synthèse.

Activité 16 - Les règles de rédaction d'une synthèse

Dites si les affirmations suivantes sont vraies (V) ou fausses (F).

A. L'usage d'un dictionnaire monolingue n'est pas autorisé.
B. La mise en page d'une synthèse n'a pas de règles particulières.
C. Une synthèse doit obligatoirement comporter un titre.
D. Une synthèse doit obligatoirement comporter une introduction.
E. Les phrases peuvent être rédigées aux premières personnes (*je* ou *nous*).
F. Il faut rapporter tous les faits et opinions au passé.
G. Il faut citer les phrases des documents en utilisant des guillemets.
H. Il faut récapituler les idées essentielles dans une conclusion.
I. Le texte final ne doit pas dépasser la limite des 240 mots.

2.1. Mettre en page

Tout texte doit respecter une certaine mise en page, c'est-à-dire une manière d'organiser le texte dans l'espace de la feuille. Les règles d'usage peuvent être différentes selon les pays, mais elles suivent généralement un même objectif : **faciliter la lecture en montrant clairement l'organisation et la progression du contenu.**

Notre synthèse devra donc respecter les standards — en usage en France — de présentation. Même si la consigne de l'exercice n'en parle pas directement, ces règles comptent dans l'évaluation et... pour la première impression des correcteurs !

Activité 17 - Les erreurs de mise en page

Quelles sont les erreurs de mise en page à ne pas commettre dans une synthèse ? Cochez les bonnes réponses.

A. Centrer le titre en haut du texte.
B. Mettre un espace entre l'introduction et le développement.
C. Mettre un numéro à chaque partie et sous-partie.
D. Mettre un espace entre chaque partie du développement.
E. Changer de paragraphe quand on passe à une autre idée essentielle.
F. Changer de ligne quand on commence une nouvelle phrase.
G. Mettre la signature en bas du texte à droite.

Activité 18 - Améliorer la mise en page

Le texte suivant présente certains défauts de mise en page. Essayez de les identifier, puis rétablissez la mise en page qui correspond à la progression des idées.

« Comme les universités ne vont pas reprendre les cours en « présentiel » avant le 1er février, il est bon de revenir sur les inconvénients de la pédagogie numérique à distance concernant l'enseignement et les examens.
Concernant l'enseignement, qui se donne via des plateformes comme Microsoft Teams, Google Meet, Moodle, Zoom, etc., le point le plus problématique concerne la disparition de l'étudiant. En effet, l'enseignant parle devant son ordinateur et pour tout dire parle à son ordinateur, parce que les étudiants ont l'habitude de couper la caméra de leur propre ordinateur. Et cela change tout : l'enseignant n'a plus le retour informationnel constitué par le regard des étudiants et leur attitude. Dans un cours normal, en « présentiel », l'enseignant voit dans les yeux des étudiants s'ils sont perdus, s'ils ont du mal à noter, s'ils ne comprennent pas, etc.
Certains étudiants envoient bien de temps en temps un message pour demander de remontrer un élément du cours, voire pour poser une vraie question, mais ce sont les mêmes qui le faisaient en présentiel. Que deviennent les autres ? L'enseignant ne le sait pas.
D'ailleurs, comme les étudiants coupent aussi leur micro (de toutes façons, si tous l'allumaient en même temps, cela créerait un bruit de fond intolérable), on ne sait même plus s'ils sont vraiment présents, ou s'ils vaquent à d'autres occupations tout aussi essentielles à leurs yeux que l'enseignement. Pour les examens en distanciel, qui se déroulent via un logiciel, l'étudiant reçoit le sujet par e-mail et doit y répondre avant qu'un certain délai soit écoulé ; il peut aussi répondre en ligne ; ou bien il s'agit d'un QCM en ligne. Mais dans tous les cas, l'enseignant n'a aucun moyen de savoir si c'est bien l'étudiant qui a répondu seul. A-t-il travaillé en groupe avec des copains du même amphi ou été aidé par quelqu'un ? Face à cette incertitude, on donne un devoir en temps très limité et on mélange les questions afin que les étudiants aient du mal à coordonner leurs réponses entre eux. Mais rien de tout cela ne donne de garantie de sincérité de l'examen.
Il y a également le manque de maturité et de sécurité des logiciels. Par exemple, le paramétrage de Moodle (un logiciel open-source d'enseignement à distance

utilisé dans les universités françaises) donne par défaut l'accès à la bonne réponse aux étudiants juste avant la fin de l'examen, ce que les universités ne peuvent corriger elles-mêmes. L'erreur est ainsi vite commise par les enseignants du fait du manque d'entraînement, ce qui donne des examens avec 16 ou 18 de moyenne. L'enseignement à distance revient donc à parler vite à des zombies et ce, indépendamment des qualités techniques des logiciels d'enseignement à distance. On se dirige vers des cohortes d'étudiants qui n'auront que peu bénéficié de l'enseignement qu'ils auront reçu, qui n'auront pas été vraiment évalués, et dont le diplôme sera sans valeur. C'est dramatique pour l'avenir. »

D'après Louis de Mesnard, *Le HuffPost*, 04/12/2020

À retenir
N'offrez pas aux examinateurs un gros *bloc* de texte à lire. Assurez-vous que la mise en page rend votre texte facile à suivre : un espace entre chaque partie, un paragraphe par idée essentielle.

2.2. Rédiger l'introduction

Rappelons-le : la conclusion n'est pas nécessaire, elle est même déconseillée. En revanche, il est indispensable de commencer la synthèse par une introduction. Alors, que doit-elle contenir ?

Activité 19 - Les éléments d'une introduction

Quels sont les éléments indispensables dans l'introduction d'une synthèse ? Cochez les bonnes réponses et justifiez.

A. La présentation du sujet
B. L'annonce du plan
C. Le titre de chaque document
D. La source de chaque document
E. La problématique
F. Le résumé de chaque document

Activité 20 - Critiquer des introductions

Quelle introduction à notre synthèse vous paraît la moins efficace ? Justifiez votre réponse.

A. L'enseignement en ligne s'est répandu avec la pandémie. Mais représente-t-il une solution durable ? Si les établissements l'ont adopté, il présente des inconvénients et un mode hybride semble préférable.

B. Ces deux articles parus à la rentrée 2020 évoquent l'enseignement en ligne dans les établissements scolaires et universitaires. Ils cherchent à savoir s'il constitue une solution durable.

C. L'enseignement en ligne est-il une solution durable ? Nous verrons tout d'abord que son usage s'est généralisé. Ensuite, nous exposerons ses inconvénients. Enfin, nous montrerons les avantages du mode hybride.

> **À retenir**
> L'introduction doit contenir essentiellement l'exposé du sujet et la problématique. Cela peut être une bonne idée de rédiger l'introduction en dernier : en cas de problème avec le nombre de mots, il sera alors possible d'y ajouter ou de retirer du contenu non essentiel.

2.3. Rédiger le développement

C'est le moment de rédiger les 2 ou 3 parties de notre développement, en suivant les notes du plan détaillé. Rappelons que l'exercice de synthèse est essentiellement un exercice de *reformulation* : nous devons restituer les idées importantes avec d'autres structures grammaticales et d'autres mots. Il est strictement interdit de recopier les documents, à l'exception des mots-clés. Nous verrons dans cette section des techniques et du vocabulaire pour reformuler plus efficacement.

Une remarque tout d'abord : nous avons vu, dans la section *1.2. Relever les idées importantes*, que je conseille de reformuler les idées dès la prise de notes. Toutefois, pour laisser le lecteur libre de choisir une autre méthode, et pour garder une progression logique dans ce livre, j'ai trouvé préférable d'aborder la reformulation au moment de rédiger le développement.

2.3.1. Reformuler des idées

Reformuler une idée en restant fidèle, mais avec moins de mots : il faut trouver le bon équilibre ! Pour cela, on peut distinguer 4 techniques efficaces portant sur le vocabulaire. Illustrons-les par des exemples tirés du modèle d'épreuve.

Technique 1 : remplacer un mot par un synonyme

Un synonyme est un mot de sens équivalent. Par exemple : « L'accent peut constituer un *frein* dans *l'accès à certains postes*. » devient « L'accent peut devenir un *obstacle à l'embauche*. » (Le mot *accent* est un mot-clé à réutiliser.)

Technique 2 : employer un terme générique

Encore appelé *hyperonyme*, c'est un mot général qui englobe d'autres mots, comme *animal* pour *chat*. C'est une technique de réduction efficace, lorsqu'il est nécessaire de généraliser un ensemble d'acteurs ou de phénomènes. Par exemple : « Le musicien auteur-compositeur-interprète, Alan Stivell [...] L'ancien directeur du Tour de France Jean-Marie Leblanc... » devient « Certaines *personnalités* de la *culture* et du *sport*... »

Technique 3 : employer un mot de la même famille.

Il s'agit de remplacer le nom par un verbe, le verbe par un adjectif, etc. C'est une technique simple, mais à utiliser de façon limitée pour que le texte de synthèse ne ressemble pas trop aux documents de départ. Par exemple : « mouvement centralisateur » devient « centralisation ».

Technique 4 : simplifier une expression complexe.

Il peut s'agir par exemple de remplacer une expression idiomatique par un mot plus simple et plus courant. Par exemple : « Les accents ont la vie dure » devient « Les accents *résistent* ».

Activité 21 - Synonymes

Complétez les reformulations en employant des synonymes.

A. « Je n'ai pas bien vécu ce manque de contacts. »

Des enseignants ont souffert de l'absence d'..........

B. « L'e-learning doit jouer un rôle, mais ce n'est pas la panacée. »

L'enseignement en ligne n'est pas une solution ....

C. La recrudescence du virus a déjà provoqué, pour certains établissements, des fermetures. »

.... de la pandémie a .... la fermeture d'établissements.

D. « Beaucoup craignent cette déscolarisation physique. »

Le manque de .... suscite .... chez beaucoup.

E. « L'enseignement mixte en présentiel et en distanciel a déjà montré son efficacité. »

.... a prouvé sa ....

F. « Le e-learning n'était pas optimal pour toutes les disciplines. »

Pour certaines ...., l'enseignement à distance ....

Activité 22 - Reformuler

Reformulez chaque idée suivante en adoptant la ou les techniques qui conviennent. Pensez également à modifier les constructions syntaxiques, lorsque c'est possible.

A. « L'enseignement en ligne s'est généralisé dans le contexte de la pandémie de la Covid-19. »

B. « Cela chamboule l'organisation des enseignements. »

C. « Les écoles doivent distinguer les enseignements pratiques et théoriques. »

D. « Un sujet est sur toutes les lèvres : l'enseignement en ligne. »

E. « L'hybridation était un passage obligé. »

F. « L'école à distance, c'est plus cool, il y a moins de stress. »

G. « On innove en matière de technologie, mais aussi dans la conception de programmes et de méthodes d'évaluation alternatives. »

À retenir
Vous devrez reformuler entièrement les idées importantes retenues dans le plan, par de nouvelles phrases (syntaxe) et de nouveaux mots (vocabulaire). En revanche, vous garderez les mots-clés qui ne peuvent pas être remplacés par des synonymes.

2.3.2. Reformuler des informations chiffrées

Certaines informations chiffrées, comme des quantités ou des pourcentages, peuvent servir à exposer des faits importants que notre synthèse devra contenir. Selon les cas, nous aurons besoin de les reformuler ou de les synthétiser. Par exemple, dans le modèle d'épreuve, le document 2 présente les résultats d'un sondage :

« Les habitants du Nord-Pas-de Calais (84 %), de Midi-Pyrénées (83 %) et de Franche-Comté (78 %), bien davantage que ceux du Centre-Val de Loire (21 %), des Pays de la Loire (23 %), de Poitou-Charentes (25 %) et de Bretagne (31 %). 84 % en Provence-Alpes-Côte d'Azur. »

Cette suite de pourcentages contient une idée importante concernant les discriminations linguistiques : des différences quantitatives remarquables entre les régions. C'est pourquoi nous pourrions la synthétiser ainsi : « Un sondage révèle de fortes *disparités* régionales. »

Il est donc recommandé de connaître une grande variété de mots et d'expressions pour :

– Introduire une information chiffrée : « La pratique *représente* 20 % des enseignements. »
– Exprimer des proportions : « *La majorité des* enseignants restent chez eux en télétravail. »

Activité 23 - Verbes introducteurs

Complétez les phrases avec les verbes suivants correctement conjugués : avoisiner, représenter, compter, s'élever, dépasser, se raréfier, multiplier.

A. Les universités .... les investissements par 4.

B. En visioconférence, le taux d'absentéisme des élèves .... les 30 %.

C. Cette année, le nombre de redoublements .... à 253.

D. Cet établissement .... 10250 étudiants.

E. En 2020, les étudiants étrangers .... à cause de la situation sanitaire.

F. La plateforme de cours vient de .... les 100000 utilisateurs !

G. Les cours en présentiel .... moins de 45 % du volume horaire total.

Activité 24 - Expressions des proportions

Associez les pourcentages suivants aux expressions de proportions : 96 %, 8 %, 48 %, 0,8 %, 59 %, 66 %

A. La majorité de : ...

B. Une infime proportion de : ...

C. La plupart de : ...

D. À peine la moitié de : ...

E. Les deux tiers de : ...

F. Un faible taux de : ...

Activité 25 - Reformuler

Reformulez les informations chiffrées dans les phrases suivantes.

A. Les cours en ligne sont passés de 2 heures à 16 heures par semaine.

B. Sur 5000 étudiants, il y a seulement 7 étudiants étrangers.

C. Les enseignants se plaignent qu'un seul étudiant sur 10 participe aux visioconférences.

D. Plus de 90 écoliers sur 100 se plaignent du manque de contacts.

E. L'année dernière, 30 étudiants ont échoué en master. Cette année, on en compte 40.

F. Sur 10 cours par semaine, 7 sont consacrés à la partie théorique et les autres à la pratique.

G. En janvier, on comptait 2000 visiteurs par jour à la bibliothèque universitaire. En juin, ils étaient 500. Actuellement, on n'en accueille plus qu'une cinquantaine.

2.3.3. Rapporter un point de vue

Prenons tout de suite un exemple. Dans le modèle d'épreuve, nous avons rencontré le paragraphe suivant :

« Maria Candea souhaiterait quant à elle qu'on apprenne aux individus à « jongler » entre les accents, plutôt que de les abandonner. « En fonction de mon environnement, j'ai des prononciations différentes. Je ne vais pas avoir le même accent au Stade Vélodrome que lorsque j'enseigne à l'université » acquiesce Médéric Gasquet-Cyrus. »

Nous avons ici une idée importante, puisqu'il s'agit d'une solution possible contre les discriminations linguistiques, exprimée sous la forme de deux citations. Toutefois, **l'exercice de synthèse nous interdit de :**

– Recopier directement un propos (discours direct) : *Comme le dit*

Médéric : « En fonction de mon environnement, etc.
– Rapporter indirectement un propos (discours indirect) sans le reformuler : Maria reconnaît qu'elle a des prononciations différentes en fonction de son environnement.

En effet, rappelons-le : dans une synthèse, c'est le contenu de l'idée qu'il faut reformuler, pas sa forme. **L'idée doit être restituée fidèlement, mais dans une nouvelle phrase entièrement différente.**

Nous pourrions alors reformuler les deux citations comme ceci : *Certains suggèrent d'adapter la prononciation aux différents contextes.* Le verbe *suggérer* sert à montrer qu'il s'agit d'une proposition de solution.

Essayons alors de classer les différents verbes pour rapporter un point de vue, afin de faciliter leur mémorisation.

Activité 26 - Classement des verbes

A. Classez les verbes suivants selon leur finalité : admettre, assurer, avertir, condamner, considérer, constater, convenir, désapprouver, estimer, évoquer, s'opposer, préconiser, reconnaître, souligner, suggérer

Pour amener une affirmation : ...

Pour amener une prise de position : ...

Pour amener une mise en valeur : ...

Pour amener une concession : ...

Pour amener une contestation : ...

Pour amener un souhait, un conseil : ...

B. Complétez les catégories ci-dessus avec d'autres verbes que vous connaissez.

Activité 27 - Construction des verbes

Associez les 2 parties de chaque phrase. Puis, relevez la construction des verbes.

A. De nombreux étudiants craignent
B. Le gouvernement s'est opposé
C. Les enseignants estiment
D. Des experts préconisent
E. Les étudiants se demandent
F. Les parents d'élèves désapprouvent
G. L'établissement a averti les élèves

1. de réserver les visioconférences aux contenus théoriques.
2. à la réouverture des écoles avant janvier.
3. que leur diplôme soit dévalorisé cette année.

4. que les cours en ligne sont plus difficiles à organiser.
5. le fait qu'un équipement informatique soit exigé.
6. si les partiels auront bien lieu en janvier.
7. des conséquences de l'absentéisme sur leurs résultats.

Activité 28 - Reformuler

Rapportez les points de vue suivants, en les reformulant avec moins de mots.

A. Selon un directeur d'établissement, « les écoles n'étaient pas du tout préparées pour donner des cours en ligne, on leur a demandé de tout organiser du jour au lendemain. »

B. « Les enfants ont besoin de voir leurs camarades, de jouer avec eux. L'école à distance peut avoir des effets néfastes sur leur développement », selon un psychologue.

C. « Nous ne voulons pas passer toute l'année chez nous devant un ordinateur », ajoute cet étudiant. « Nous ne voulons pas que la fac reste fermée jusqu'au mois de janvier ! »

D. D'après ces parents d'élèves, les enseignants ont fait absolument tout ce qu'ils ont pu pour que les cours continuent, même si ce n'était vraiment pas facile pour eux.

E. Tous les experts en pédagogie sont d'accord sur ce point : une alternance de cours en ligne et de présentiel est non seulement nécessaire dans ce contexte, mais il est bénéfique pour les apprentissages.

F. « Il est clair que désormais, j'ai amené la technologie en classe : quand j'utilise la tablette, j'essaie d'intégrer toutes ces choses techniques, elles présentent de grands avantages. »

> **À retenir**
> Ces verbes vous permettront de restituer des points de vue avec précision et nuance. D'ailleurs, ils vous seront également utiles à la lecture des documents, car les journalistes en emploient beaucoup !

2.4. Améliorer son style

Nous avons vu dans la section précédente l'importance de la *reformulation* des idées. Oublions maintenant les documents pour nous concentrer sur la rédaction de nos phrases. Comme notre texte est limité à 240 mots, l'autre qualité essentielle d'une synthèse est la *concision*. Nous devons restituer les idées avec fidélité et précision, mais **avec le minimum de mots**. Pour cela, voyons comment éliminer les mots inutiles et condenser les phrases.

2.4.1. Éliminer l'inutile

Supprimer tous les mots inutiles est un bon réflexe à prendre. Il servira non seulement pour l'examen, mais pour tous les textes que vous aurez l'occasion d'écrire. À éliminer donc :

- Les **pléonasmes**, c'est-à-dire les répétitions sans intérêt. Par exemple, dans *prévoir à l'avance* nous supprimerons *à l'avance* qui double inutilement le sens déjà exprimé dans le verbe.
- Les **expressions trop longues**, qui gaspillent des mots. Nous remplacerons *petit à petit* par *progressivement*.
- Les **périphrases**, qui expriment indirectement un nom. Par exemple, nous remplacerons *les gens qui habitent à côté de chez eux* par *leurs voisins*.
- Les **subordonnées** (relatives, complétives...) lorsqu'elles sont inutiles. Dans la phrase *J'ai apprécié cet article (qui est) paru dans le Monde*, la subordonnée relative peut être supprimée sans modifier le sens.
- Les **constructions impersonnelles** lorsqu'elles peuvent être remplacées. Au lieu de *Il est certain que l'établissement fermera*, nous écrirons *L'établissement fermera certainement*.

Activité 29 - Supprimer les mots inutiles

Supprimez les mots inutiles dans les phrases suivantes.

A. Dans mon école, le développement des cours en ligne a permis de créer deux nouveaux emplois.

B. On constate que les élèves sont moins attentifs pendant les visioconférences.

C. Les résultats sont meilleurs dans les matières scientifiques, comme par exemple les mathématiques.

D. Il y a certains professeurs qui ont fini par apprécier le télétravail.

E. Il faut que les élèves apprennent à collaborer ensemble pendant les cours.

F. L'isolement des étudiants représente un danger potentiel pour leur santé mentale.

G. Bien que les établissements soient fermés, les étudiants doivent pourtant passer les examens.

Activité 30 - Transformations

Faites les transformations nécessaires pour éliminer les mots inutiles sans modifier le sens.

A. Cet établissement a décidé de sanctionner plus sévèrement les élèves qui arrivent en retard.

B. Il est probable que les méthodes pédagogiques vont évoluer.

C. En ce qui concerne les équipements informatiques, le budget doublera l'année prochaine.

D. Il existe des solutions qui sont plus efficaces contre l'absentéisme.

E. De cette manière, les élèves peuvent interagir à distance et travailler sur des projets.

F. Les enseignants ne sont pas du tout favorables à l'adoption définitive des cours hybrides.

G. Les cours qui sont dispensés dans les classes ne représentent que 50 % des enseignements.

> **À retenir**
> N'attendez pas la fin de la rédaction pour compter le nombre de mots, car ce sera trop tard pour effectuer des changements importants. Une technique simple consiste à attribuer approximativement une certaine longueur à chaque partie de votre plan. Par exemple : 40 mots pour l'introduction, 100 pour la première partie et 100 pour la deuxième. Ainsi, vous pourrez garder le contrôle tout au long de la rédaction.

2.4.2. Condenser les phrases

En plus d'éliminer les mots inutiles, nous pouvons apprendre à choisir des formes et constructions grammaticales plus « économiques ». Condenser signifie *dire le maximum avec le moins de mots*. Cela ne veut pas dire rédiger obligatoirement des phrases courtes. Dans certains cas, il vaudra mieux remplacer trois petites phrases par une phrase moyenne reliant toutes les informations ! Voici deux types de constructions qui nous seront utiles pour la synthèse.

1. Les subordonnées circonstancielles

Qu'elles servent à exprimer une concession ou une cause, les subordonnées circonstancielles peuvent nous permettre, d'une part, de restituer plus d'informations en moins de mots et d'autre part, de mettre en évidence les liens logiques. **Au niveau C1, un candidat doit connaître une large gamme de conjonctions** permettant d'exprimer différents liens logiques :

- Le but : pour que, afin que, de peur que...
- La cause : comme, du fait que, d'autant plus que...
- La conséquence : de sorte que, si bien que, si (+ adjectif) que...
- Le temps : avant que, tandis que, après que...
- La concession : bien que, quoique, si...
- La condition : à supposer que, suivant que, pourvu que...

2. Les constructions détachées

On appelle ainsi des groupes de mots insérés pour apporter des informations supplémentaires, mais qui, contrairement à la subordonnée circonstancielle, restent indépendants de la proposition principale. Prenons un exemple dans notre modèle d'épreuve : « Les accents, *considérés comme écarts à la norme linguistique*, suscitent des stéréotypes relatifs aux comportements. » Le groupe de mots placé entre les 2 virgules peut être supprimé sans modifier la structure générale. Très pratique, il **permet d'insérer une idée secondaire** qui développe le sujet de la phrase (valeur descriptive) ou qui explique l'action (valeur causale).

Les constructions détachées peuvent prendre des formes syntaxiques différentes. Dans notre exemple, il s'agit d'un participe passé : *considérés*. Nous pourrons ainsi employer :

- Un participe présent ou passé
- Un gérondif
- Un groupe adjectival
- Une subordonnée relative
- Un groupe nominal

Activité 31 - Constructions détachées

Insérer chaque construction détachée dans la bonne phrase et à la place qui convient.

A. L'hybridation des enseignements a démontré son efficacité dans le contexte sanitaire.
B. L'enseignement à distance inquiète les élèves.
C. Il s'est généralisé depuis la rentrée universitaire.
D. Les étudiants internationaux ont commencé les cours sur Internet.
E. Les élèves en art exigent la reprise des cours en présentiel.
F. Les cours en visioconférence ont séduit certains élèves.

1. Déjà ancien,
2. en réduisant le stress
3. alternance de présentiel et de distanciel
4. pénalisés par les cours en ligne
5. limitant trop les interactions avec les professeurs
6. qui ne pouvaient encore rejoindre leurs établissements

À retenir
À l'exception de la proposition relative, une construction détachée peut se placer avant ou après le sujet qu'elle développe. Toutefois, si le sujet est un pronom personnel, la construction se placera toujours avant.

Activité 32 - Reformuler

Réduisez les énoncés en une seule phrase, en utilisant les subordonnées circonstancielles ou les constructions détachées qui conviennent.

A. Le lancement des cours en ligne a pris du retard. Cela s'explique par le manque de formation des enseignants.

B. Les cours en visioconférence se montrent très efficaces dans les enseignements théoriques. Mais, il faut pour cela que les élèves soient présents.

C. Mike Kraher est convaincu de l'efficacité des tablettes. Il utilise fréquemment ces appareils dans ses cours en classe.

D. Les étudiants passent les examens en ligne. Ces examens sont surveillés par des logiciels. Il existe des risques de fraude.

E. Les professeurs proposent régulièrement des échanges et des activités interactives. Sans cela, ils craignent que les participants ne s'ennuient.

F. Les cours en ligne donnent satisfaction dans les matières scientifiques. Ce n'est pas le cas en revanche dans les formations pratiques où les résultats peuvent être désastreux.

G. La classe inversée est une méthode pédagogique. Les enseignements théoriques se passent en ligne et les exercices d'application en classe. Cette méthode est plébiscitée par les enseignants.

2.5. Production guidée, étape 2

Nous avons vu les techniques essentielles pour rédiger une synthèse. C'est à vous de jouer maintenant !

Activité 33 - Production guidée

Rédigez le texte complet de votre synthèse en respectant la longueur imposée : 200 mots minimum, 240 mots maximum.

2.6. Point stratégie

Des conseils et des idées d'activités pour une préparation encore plus efficace, en travaillant seul (en solo) ou avec un ami (en tandem).

En solo

A. Mémoriser des synonymes. Pour vous préparer à l'examen, vous devez enrichir votre vocabulaire de l'actualité (voir les thèmes essentiels en annexe). Lorsque vous apprenez un mot important, pensez également à un synonyme. Recherchez d'abord dans votre mémoire pour réactiver le vocabulaire que vous avez peut-être déjà appris. Sinon, consultez un dictionnaire des synonymes (voir la stratégie B). Pour une mémorisation efficace, vous pouvez adopter par exemple la technique des *cartes mémo* : écrivez un mot sur la carte et un synonyme sur l'autre face. Révisez régulièrement et testez-vous. Vous pouvez également créer vos propres exercices dans une application mobile comme *Quizlet*.

B. Consulter un dictionnaire des synonymes. Bien qu'il soit interdit à l'examen, n'hésitez pas à utiliser un dictionnaire des synonymes pendant les activités d'entraînement. Choisissez bien le mot qui convient au contexte, aussi bien pour le sens que pour le registre (standard ou formel). C'est pourquoi vous aurez besoin d'un dictionnaire qui propose des exemples. Il existe de nombreux dictionnaires gratuits en ligne, mais attention, bien peu sont de qualité. Voir une sélection dans les liens utiles en annexe.

En tandem

C. S'entraîner à reformuler. La reformulation, c'est comme un... muscle. Cela devient de plus en plus facile avec l'entraînement. D'ailleurs, elle n'est pas seulement utile pour la synthèse, mais aussi pour la réactivation et la mémorisation à long terme du vocabulaire. Pour cela, l'entraînement en tandem est particulièrement efficace. Par exemple, sélectionnez un paragraphe dans un article de presse et, séparément d'abord, reformulez l'idée essentielle en une phrase. Puis, comparez les 2 reformulations et discutez : quels sont les points communs et les différences ? Comment avez-vous obtenu ce résultat ? Ces échanges en tandem permettent d'objectiver les techniques de reformulation. Ils vous aideront à mieux comprendre les erreurs et à découvrir de nouvelles méthodes.

D. Mémoriser les hyperonymes. Nous avons vu l'utilité des termes génériques, appelés *hyperonymes*, pour la reformulation (voir section *2.3.1. Reformuler des idées*). Au niveau C1, un candidat doit en connaître une large gamme pour s'exprimer avec précision. Pour leur apprentissage en tandem, le *jeu des définitions* se montre particulièrement efficace. Un membre commence par rédiger la définition d'un mot. Par exemple : « c'est un appareil électronique qui permet de traiter de l'information. » Ensuite l'autre membre doit deviner le mot. Puis, ils comparent avec la définition proposée dans un dictionnaire. Pour aller plus loin, vous pourrez chercher d'autres termes dans la même catégorie (d'autres appareils électroniques par exemple).

E. Contrôler la concision. Il n'est pas facile d'être objectif avec ses propres textes. Nous n'arrivons pas toujours à repérer les erreurs quand nous nous relisons. C'est là que le travail en tandem est intéressant. Après la rédaction d'une synthèse, échangez les textes avec un partenaire. Repérez les mots inutiles qui pourraient être supprimés et les phrases qui pourraient être reformulées en moins de mots. Comme vous pourrez le constater, corriger le texte d'un autre est plus facile. De plus, c'est excellent pour mémoriser les techniques de reformulation.

Et n'oubliez pas que vous pouvez demander de l'aide dans le groupe Facebook de commun français.

3. Réviser la synthèse

Vous avez rédigé votre synthèse ? C'est bien, mais le travail n'est pas encore terminé ! Rendre un texte sans le relire, c'est prendre un risque énorme, surtout à l'examen. C'est pourquoi il faut **consacrer au moins 5 minutes à cette étape de révision**. Pour plus d'efficacité, elle doit être progressive et se faire en plusieurs relectures, chacune avec un objectif précis.

Au niveau C1, on attend d'un candidat qu'il fasse peu d'erreurs de langue. Les capacités d'autocorrection deviennent donc indispensables : vous devez savoir repérer la plupart de vos erreurs et les corriger vous-même.

Dans ce livre, nous nous concentrerons sur **la méthode de relecture de la synthèse**. Nous verrons ainsi :

1. Comment les correcteurs du DALF C1 évaluent les synthèses : quels critères utilisent-ils ?
2. Comment réviser le contenu du texte : que faut-il relire en priorité ?
3. Comment autocorriger les problèmes de langue : quelles sont les erreurs les plus fréquentes ?

Alors, prêt pour l'étape ? Suivez le guide !

3.1. Quels sont les critères d'évaluation ?

Les examinateurs du DALF notent les productions en utilisant obligatoirement la même *grille d'évaluation*, qui contient un barème et des critères précis. Cette grille d'évaluation n'est pas secrète : vous pouvez la télécharger sur le site officiel de l'examen (voir les liens utiles en annexe). Toutefois, elle est rédigée à l'attention des examinateurs, avec un vocabulaire spécialisé qui peut être difficile à comprendre par un candidat.

C'est pourquoi je vous propose des listes à la fois plus simples et plus détaillées. La première concerne le **contenu**. La seconde concerne la **forme**, c'est-à-dire la correction linguistique : orthographe, grammaire et vocabulaire.

Rappelons que l'épreuve de production écrite comprend 2 exercices et qu'elle est notée sur 25 points au total : 13 pour la synthèse, 12 pour l'essai argumenté.

CONTENU DE LA SYNTHESE

Respecter la longueur

Le candidat rédige un texte d'une longueur comprise entre 200 et 240 mots.

Si le texte respecte la longueur, pas de point supplémentaire. Dans le cas contraire, - 1 point par 20 mots de plus ou de moins que la longueur imposée. Par exemple, un texte de 178 mots perdrait 2 points.

Respecter le contenu des documents (1,5 point)

Le candidat...

– n'ajoute pas d'éléments étrangers aux documents.

– n'exprime pas d'opinion personnelle.

Traiter les documents (3 points)

Le candidat...

- dégage la problématique commune aux documents.
- sélectionne dans les documents les informations importantes.
- relève les similitudes et les différences entre les documents.
- reclasse les informations dans un plan personnel, qui ne suit pas l'ordre des documents.

Rédiger un texte bien structuré (3 points)

Le candidat...

- rédige, si la consigne l'exige, un titre pertinent pour sa synthèse.
- adopte une mise en page claire et efficace.
- structure son texte à l'aide d'un plan cohérent.
- respecte les règles de ponctuation en usage.

FORME DE LA SYNTHESE

Vocabulaire (2,5 points)

Le candidat...

- réutilise les mots-clés avec pertinence.
- reformule le contenu des documents avec aisance.
- ne recopie pas des phrases entières des documents.
- commet peu d'erreurs, qui ne gênent pas la compréhension.
- respecte l'orthographe d'usage.

Grammaire (3 points)

Le candidat...

- ne commet que de rares erreurs de grammaire et de syntaxe.
- varie les structures de ses phrases.
- ne recopie pas des phrases entières des documents.

À retenir
La reformulation est un critère décisif de la synthèse. Un texte qui recopie des groupes de mots ou des phrases des documents sera sanctionné à la fois sur le vocabulaire et la grammaire.

3.2. Réviser le contenu

Par où commencer la révision d'un texte ? Par le contenu, bien sûr ! En effet, c'est le plus important dans une production écrite en général et à l'examen en particulier, comme vous pouvez le constater dans la grille d'évaluation : 7,5 points pour le contenu contre 5,5 pour la forme. De plus, vérifier la grammaire dans un second temps est plus logique : à quoi sert de corriger une phrase si vous décidez finalement de la supprimer ? Quelle perte de temps !

Alors, comment réviser le contenu ? Critiquer son propre texte n'est pas facile. Il faut essayer de le lire objectivement, comme une autre personne le lirait, par exemple... l'examinateur ! Un bon moyen est d'établir une **liste de vérification** qui permet de relire le texte progressivement et avec des objectifs précis, selon le procédé du *zoom* : mise en page générale > paragraphes > phrases. Après avoir appliqué cette technique sur plusieurs synthèses, vous l'aurez mémorisée pour l'examen. Cette section nous permettra également de récapituler les points abordés depuis le début de cette production guidée.

Activité 34 - Liste de vérification pour la synthèse

Quels sont les points à contrôler lors de la révision du contenu ? Complétez la liste avec les éléments à vérifier, comme dans les exemples.

Respect de la longueur

— 200 mots minimum, 240 mots maximum

Mise en page

— Titre centré en haut du texte

— ...

Introduction

— Présentation du problème

— ...

Organisation du développement

— Progression logique et fluide

— ...

Traitement des informations

— Présence de toutes les idées importantes

— ...

Ponctuation

— Points en fin de phrase

— ...

Activité 35 - Vérifier un exemple de production

Vérifiez cet exemple de synthèse selon les critères de notre liste (activité 34). Quels problèmes de contenu pouvez-vous relever ?

L'engouement pour l'enseignement à distance sera-t-il durable ?

L'enseignement en ligne s'est répandu avec la pandémie. Mais représente-t-il une solution durable ? Si les établissements l'ont adopté, il présente des inconvénients et c'est un mode hybride qui nous semble préférable.

S'impose alors une réorganisation des cours. Les enseignants n'ont pas bien vécu le manque de contacts. Comme le nouveau protocole sanitaire autorise seulement 50 % des cours en classe, les établissements s'efforcent de partager théorie en ligne et pratique en présentiel.

L'enseignement en ligne n'est pas nouveau et la situation sanitaire entraîne sa généralisation à tous les établissements. Souvent fermés au début de la pandémie, ils risquent une autre fermeture à la rentrée.

L'enseignement en ligne a permis la continuité pédagogique des professeurs ont même découvert les avantages de la technologie. Il apparaît que certains élèves y trouvent plus de confort, de sécurité et moins de stress.

Par ailleurs, l'enseignement à distance n'est pas l'idéal. De nombreux élèves s'inquiètent du manque d'interactions entre eux et avec les professeurs.

Si le distanciel se révèle efficace pour les sciences il déçoit dans les matières nécessitant une présence physique. Son amélioration exigera encore de longues recherches.

Le modèle hybride semble une solution plus durable. Il permet, aux étudiants venant d'autres pays, de ne pas rater la rentrée. D'autre part, même si le distanciel fonctionne pour certaines compétences professionnelles, des étudiants réclament le présentiel pour les formations pratiques. Efficace sur le plan pédagogique, le mode hybride permet une bonne répartition théorie/pratique. Vecteur d'innovations pédagogiques et technologiques, il représente une solution d'avenir pour nous.

3.3. Corriger ses erreurs

Maintenant que le contenu est vérifié et stabilisé, passons à la révision de la forme : vocabulaire et grammaire. Là encore, il faut apprendre à regarder son texte de manière objective pour repérer les erreurs. Pour faciliter le travail, **distinguons 2 niveaux de relecture : la phrase et le mot.** *Comme les critères d'évaluation de la forme sont les mêmes pour les 2 exercices de l'épreuve écrite, je vous propose de réserver le niveau de la phrase pour la partie consacrée à l'essai argumentée.*

Alors, **quelles sont les erreurs fréquentes au niveau du mot ?** Lors de la révision d'un texte, nous ferons particulièrement attention à ces points :

- La clarté et à la précision du lexique : éviter notamment les verbes trop généraux comme *avoir, faire, être...*
- L'orthographe lexicale : au niveau C1, il faut savoir écrire correctement la

plupart des mots.
- Les accords des noms, des adjectifs, des participes passés : généralement connus, mais facilement oubliés !
- La conjugaison des verbes : à ce niveau, les verbes courants doivent être correctement conjugués à tous les modes et à tous les temps, même si quelques erreurs sont encore tolérées.
- Le choix des déterminants et des pronoms : définis, indéfinis, partitifs, quantitatifs, possessifs, démonstratifs...

Bien entendu, il est impossible d'aborder tous ces points dans notre guide. Mais, les activités suivantes vont déjà permettre un entraînement à l'autocorrection des erreurs les plus importantes.

Activité 36 - Précision des verbes

Remplacez les verbes faibles (avoir, dire, être, faire) par les verbes suivants correctement conjugués : effectuer, se trouver, promettre, mettre en oeuvre, bénéficier, constituer, comprendre, se montrer, commettre, confier.

A. En fait, la crise sanitaire pourrait être une opportunité pour moderniser l'enseignement en ligne. B. La plupart des enseignants n'ont pas eu de soutien pédagogique pour assurer les cours à distance. C. Des élèves disent qu'ils désertent souvent les visioconférences avec leurs professeurs. D. La fraude aux examens est facilitée par l'absence de contrôle à distance. E. Le président de l'université a dit que les examens partiels se dérouleraient en janvier comme prévu. F. Les fournisseurs de plateformes ont tout fait pour accueillir des millions d'élèves. G. Le ministère s'est excusé pour les erreurs stratégiques qu'il avait faites. H. Les enseignants ne sont plus aussi critiques envers les nouvelles technologies en classe. I. Les étudiants de dernière année devront se résigner à faire leur stage en télétravail. J. Les logiciels de visioconférence ont un ensemble d'outils pour partager des documents.

Activité 37 - Accords particuliers

Chacune de ces phrases contient une erreur d'accord, en genre ou en nombre. Repérez-les et corrigez-les.

A. Les plateformes et les logiciels se révèlent insuffisantes pour les besoins pédagogiques. B. Quel que soit la situation sanitaire, les cours devront reprendre après les vacances de Noël. C. Quant aux examens, les enseignants les ont faits passer par courrier électronique. D. L'enseignement en ligne ne facilite pas l'apprentissage des savoir-faires. E. On peut savoir combien de documents ils ont téléchargés, mais pas combien ils en ont lus. F. Lors d'un examen à distance, chacuns des candidats doit allumer la caméra de son ordinateur. G. Personne ne peut être certaine de l'évolution de la crise sanitaire. H. Tous les établissements sont fermés, exceptés les classes préparatoires aux grandes écoles. I. Des étudiants se plaignent de n'obtenir aucunes évaluations sur les exercices qu'ils ont envoyés. J. Les parents n'imaginent pas tous les efforts qu'il a fallus pour assurer la continuité pédagogique.

3.4. Production guidée , étape 3

Nous avons vu les points essentiels pour réviser une synthèse. C'est à vous de jouer maintenant !

Activité 38 - Production guidée

Faites les relectures nécessaires de votre synthèse (rédigée à l'activité 33), afin de :

1. Réviser le contenu de votre texte et l'améliorer ;
2. Repérer les erreurs de langue et les corriger.

Puis, consultez le modèle de synthèse proposé dans les corrigés.

3.5. Point stratégie

Des conseils et des idées d'activités pour une préparation encore plus efficace, en travaillant seul (en solo) ou avec un ami (en tandem).

En solo

A. Comment se relire. Avez-vous des difficultés à relire vos textes ? La clé, c'est d'arriver à regarder un texte avec un « œil neuf ». Voici quelques suggestions de techniques. 1. Laisser reposer. Écrivez votre texte, puis attendez quelques heures ou même quelques jours pour le relire. Vous aurez un peu oublié votre texte et les erreurs se verront mieux. 2. Lire sur un autre support. Vous avez écrit à la main ? Alors, copiez-le sur votre ordinateur. Vous avez tapé le texte sur votre ordinateur ? Eh bien, imprimez-le, etc. 3. Lire le texte à l'envers. C'est-à-dire commencez la lecture par la fin et remontez... Ou commencez par le milieu. L'important est de regarder le texte d'une façon non linéaire. 4. Lire à voix haute. Passer un texte à l'oral permet de le considérer d'une façon radicalement différente. C'est un bon moyen notamment pour repérer les problèmes de syntaxe.

B. Utiliser un correcteur automatique. Commencez par réviser vous-même les erreurs de langue dans votre texte. Puis, pour vérifier que vous n'avez rien oublié, essayez d'utiliser un des nombreux correcteurs automatiques en ligne. Ces services restent très limités au niveau de la phrase. Mais ils peuvent repérer des erreurs au niveau du mot et suggérer des corrections. Vous trouverez une sélection d'applications dans les liens utiles en annexe.

C. S'entraîner avec le détecteur de fautes. Le *détecteur de fautes* est une excellente application mobile qui permet de s'entraîner à repérer les erreurs de langue. Vous pouvez même choisir une des 5 catégories d'erreurs selon vos points faibles : orthographe d'usage, orthographe grammaticale, syntaxe, ponctuation et vocabulaire. C'est une manière à la fois efficace et ludique de **développer des capacités d'autocorrection** que vous pourrez ensuite appliquer dans vos propres textes. Voir les liens utiles en annexe.

En tandem

D. Échanger les révisions. Après avoir rédigé une synthèse, échangez vos textes avec un partenaire. Pour une révision plus efficace, distinguez bien le contenu et la forme. Commencez par contrôler uniquement le contenu en utilisant une liste de vérification. Reprenez par exemple celle que nous avons vue dans la section *3.2. Réviser le contenu*. Puis, discutez pour expliquer et justifier vos remarques. Enfin, apportez les corrections nécessaires dans vos textes. Lire et critiquer d'autres exemples, même incorrects, vous aidera à améliorer vos productions. En revanche, je ne conseille pas de noter (donner des points) le texte de votre partenaire, comme à l'examen. C'est trop difficile et souvent... source de conflits !

E. Faire des dictées. Si vous avez de nombreuses difficultés en orthographe, l'exercice de dictée reste une bonne solution. Mais pourquoi en tandem ? Demandez d'abord à un ami de sélectionner un article de presse sur un thème fréquent à l'examen. Puis, il vous fait la dictée d'un extrait pas trop long, qui contient du lexique important. Enfin, vous contrôlez l'orthographe. Vous verrez que c'est un exercice très complet : votre ami aura fait de la compréhension écrite et de l'expression orale. Vous aurez fait de la compréhension orale et de l'orthographe. Et vous aurez abordé tous les deux des informations et des mots-clés pour traiter d'un thème d'actualité !

Et n'oubliez pas que vous pouvez demander de l'aide dans le groupe Facebook de commun français.

Production guidée 2 : l'essai argumenté

Dans cette deuxième partie de l'examen, nous faisons l'essai argumenté ensemble, pas à pas. Nous suivrons ces 3 grandes étapes :

1. Planifier : préparer le plan détaillé
2. Rédiger : écrire le texte
3. Réviser : contrôler les erreurs

À chaque étape, je vous guiderai dans la production de l'essai argumenté. Des activités vous permettront d'apprendre la méthodologie ou d'aborder les points de grammaire et de vocabulaire utiles pour réussir l'exercice.

Mais commençons par découvrir le sujet.

Sujet d'essai argumenté

Voici le sujet de notre production guidée :

Vous avez lu dans un magazine étudiant une pétition contre l'enseignement en ligne à l'université. Vous écrivez au courrier des lecteurs pour réagir à cette critique. Vous essayez de convaincre des atouts d'un modèle hybride, qui alterne cours à distance et cours en classe. 250 mots minimum

1. Planifier l'essai argumenté

Le but de cette étape est de **préparer le plan détaillé de l'essai argumenté**. Rappelons pourquoi un plan détaillé est nécessaire avant de passer à la rédaction :

– C'est **une aide à l'écriture.** Vous éviterez les listes d'idées sans lien logique, les répétitions et les oublis. De plus, les consignes se ressemblent beaucoup au DALF C1. Vous pourrez apprendre des « schémas » de plans qui feront gagner du temps à l'examen.
– Pour votre destinataire, c'est **une aide à la lecture.** Un texte bien organisé est agréable à lire et facile à suivre. On repère rapidement les différentes parties et on comprend sans difficulté votre point de vue.

Dans ce but, nous aborderons les techniques essentielles pour :

1. Analyser un sujet ;
2. Trouver des idées et des exemples convaincants ;
3. Choisir un plan et organiser chaque partie.

Alors, prêt pour l'étape ? Suivez le guide ! Commençons par rappeler les règles de l'essai argumenté.

Activité 1 - Règles générales de l'essai argumenté

Quelles sont les règles générales d'un essai argumenté au DALF C1 ? Répondez par Vrai ou Faux.

A. L'essai argumenté porte sur le même thème que la synthèse.
B. L'essai argumenté vient obligatoirement après la synthèse.
C. Le candidat peut emprunter des idées dans les documents.
D. La consigne demande souvent de jouer un personnage.
E. Le candidat peut prendre des exemples dans son pays.
F. Le candidat doit toujours écrire une lettre formelle.
G. Le destinataire du texte n'est pas important.

1.1. Analyser le sujet

Une lecture attentive de la consigne nous permettra d'éviter un *hors-sujet*. Mais, il ne s'agit pas seulement de comprendre la situation de communication. Nous aurons besoin également d'imaginer des informations afin de bien *jouer notre rôle*. Pour cela, il faut se poser les questions suivantes.

Qui suis-je selon la consigne ?

Le plus souvent, la consigne impose un rôle. Le candidat doit exprimer des idées personnelles, mais en se présentant sous un autre personnage. Il faut alors imaginer une identité, un lieu de résidence et toute autre information utile dans ce contexte de communication.

Quel est le problème ?

Le problème est généralement posé au début de la consigne. C'est la situation de départ qui incite à écrire. Il faudra certainement le reformuler dans l'introduction, mais aussi développer son contexte. Par exemple, s'il s'agit d'un événement, se poser les questions : qui, où, quand, pourquoi, etc.

À qui dois-je écrire ?

Une bonne compréhension du *destinataire* est capitale pour l'argumentation. Il faut prendre le temps de se *mettre à sa place* : quelle est sa fonction ? Pourquoi s'adresser à lui ? Quels sont ses intérêts ? Comment peut-il réagir ? Cela aidera ensuite à trouver des arguments et des exemples adaptés, donc plus convaincants. Attention également au choix du registre de langue : standard, formel, très formel... ? Selon la consigne, le destinataire peut être un ministre, un maire, un journaliste, etc. S'il n'est pas indiqué, c'est le type de texte qui permettra de le déduire.

Quel type de texte ?

La consigne peut imposer un type de texte et il conviendra d'en respecter les règles d'usage concernant la mise en page, les formules de salutations, etc. Un type fréquent est la lettre formelle, avec des variantes : lettre directe à un responsable ou lettre ouverte... Mais on peut rencontrer également l'article, le courrier des lecteurs, l'essai ou la contribution à un forum. Le type de texte peut déterminer le destinataire : privé pour certaines lettres, public pour l'article... Toutefois, les différences entre ces textes ne sont pas si importantes. Il s'agit toujours d'écrire un texte argumentatif bien construit qui comprend une introduction, un développement et une conclusion.

Dans quel but ?

La consigne indique d'abord la finalité générale du texte : proposer un projet, protester contre une décision, alerter d'un problème, etc. Ensuite, elle peut préciser le contenu général de l'argumentation que le texte devra comprendre obligatoirement : proposer des solutions, exposer des avantages, etc.

Activité 2 - Les différents types de textes

Associez chaque type de texte à sa définition.

A. Lettre formelle
B. Message dans un forum
C. Essai
D. Article
E. Courrier des lecteurs

1. Texte destiné à un journal ou à un magazine de presse.
2. Courrier envoyé à un destinataire qui n'est pas familier.
3. Rubrique de journal qui permet à tous d'exprimer son opinion.
4. Texte posté dans un groupe de discussion sur Internet.
5. Texte qui expose une argumentation sans destinataire particulier.

Activité 3 - Analyser des sujets

Analysez chaque consigne en vous aidant des questions suivantes : 1. Qui suis-je selon la consigne ? 2. Quel est le problème ? 3. À qui dois-je écrire ? 4. Quel type de texte ? 5. Dans quel but ?

A. Un magazine étudiant invite dans son forum à débattre sur l'enseignement en ligne à l'université. Face aux nombreuses critiques déjà postées, vous décidez de le défendre en exposant ses avantages sur le long terme.

B. L'enseignement hybride est-il une solution durable pour l'université ? Vous exposerez votre point de vue personnel dans un texte clair et bien structuré.

C. Au nom d'une association de parents d'élèves, vous écrivez au ministre de l'Éducation une lettre ouverte où vous dénoncez l'échec de l'enseignement en ligne au collège. Vous exposez ses conséquences à l'aide d'exemples précis et vous proposez des mesures concrètes.

D. Un magazine étudiant lance un appel à témoignages sur l'enseignement en ligne à l'université. Vous décidez de participer en exprimant votre opinion dans un article construit et illustré d'exemples personnels.

À retenir

La préparation à l'examen devra se concentrer sur le développement d'une argumentation bien construite et adaptée au destinataire. Les différents types de textes ne sont que des *variantes*. Nous verrons que leurs différences concernent essentiellement l'introduction et la conclusion, ainsi que des détails de mise en page.

Activité 4 - Production guidée

Rappelons la consigne de notre production guidée :

« Vous avez lu dans un magazine étudiant une pétition contre l'enseignement en ligne à l'université. Vous écrivez au courrier des lecteurs pour réagir à cette critique. Vous essayez de convaincre des atouts d'un modèle hybride, qui alterne cours à distance et cours en classe. »

Analysez précisément le sujet en répondant aux questions suivantes. Imaginez des informations complémentaires qui permettront de développer le contexte :

A. Qui suis-je selon la consigne ?

B. Quel est le problème ?

C. À qui dois-je écrire ?

D. Quel type de texte ?

E. Dans quel but ?

1.2. Chercher des idées

Maintenant que le sujet est bien analysé, nous savons quelles idées chercher :

- Quels sont les arguments des rédacteurs de la pétition : que reprochent-ils à l'enseignement en ligne ? Que proposent-ils concrètement ?
- Quels sont les atouts d'un enseignement hybride ? Comment s'organise-t-il ? Est-il facile à mettre en place ?

1.2.1. Qu'est-ce qu'une idée pertinente ?

Pour convaincre le destinataire, nous avons besoin d'arguments et d'exemples *pertinents*. Autrement dit, nous devons savoir :

- Adapter : choisir des arguments et des exemples en fonction du contexte et du destinataire ;
- Développer : justifier chaque idée essentielle par des idées secondaires et illustrer par des exemples ;
- Nuancer : éviter d'exposer un point de vue trop binaire, *tout en noir ou tout en blanc*, qui a peu de chance de convaincre, car trop éloigné du réel, toujours plus complexe.

Activité 5 - Choisir des arguments pertinents

*Parmi ces arguments, lesquels faudrait-il **éviter** dans notre production guidée ? Justifiez vos choix.*

A. Je reconnais que la fréquence excessive de visioconférences peut entraîner une démotivation, voire un décrochage à long terme.

B. Il est vrai que les enseignants ne comprennent rien du tout à Internet : ils ne savent même pas installer une application.

C. Les cours enregistrés et mis en ligne permettent plus de flexibilité : on peut les regarder quand on veut et autant de fois qu'on veut.

D. Un modèle hybride peut améliorer le bien-être au quotidien : on se fatigue moins dans les transports en commun.

E. L'échec de l'enseignement en ligne s'explique par le manque d'autonomie des étudiants, qui ne travaillent pas s'ils ne sont pas surveillés.

F. En supprimant des postes d'enseignants, le modèle hybride fait faire des économies substantielles à l'université.

G. L'enseignement hybride permet plus facilement de concilier les études avec une activité professionnelle ou des responsabilités familiales.

1.2.2. Comment trouver des idées ?

Tout le monde est capable de trouver des idées : c'est une question d'entraînement ! Pendant la préparation à l'examen, je recommande de constituer un « stock » d'idées par la consultation intensive des médias (voir les thèmes essentiels en annexe). En effet, pour trouver de bonnes idées, il faut commencer par développer ses connaissances.

Le jour de l'examen, au lieu de fixer la feuille blanche en attendant les idées... il faudra être très actif. C'est en vous posant beaucoup de questions que vous trouverez du contenu pertinent. Voici 3 techniques qui pourront vous aider :

1. Mobiliser son expérience personnelle
2. Explorer les différents aspects
3. Varier les points de vue

Regardons ces techniques de plus près et appliquons-les sur notre sujet de production guidée, *en gardant toujours en tête l'objectif de notre texte.*

Technique 1 : mobiliser son expérience personnelle

Cette technique consiste à s'interroger sur l'expérience que nous avons personnellement du sujet. Puis, en élargissant progressivement le cercle, de passer à l'expérience de notre entourage et enfin à la société. *Ai-je déjà rencontré un problème identique ? Ou un membre de ma famille, ou un ami ? Est-ce que la situation présente des particularités dans mon pays ?*

Activité 6 - Mobiliser son expérience

Faites un point sur votre expérience de l'enseignement en ligne et hybride. Voici des exemples de questions que vous pouvez vous poser :

A. Avez-vous déjà suivi des cours entièrement en ligne ou hybrides ? Qu'en avez-vous pensé globalement ? Quels étaient leurs points forts et leurs points faibles ?

B. Avez-vous des proches ou connaissez-vous d'autres étudiants qui ont suivi ces types de cours ? Qu'en disent-ils ?

C. Quelle est la situation dans les universités de votre pays ? L'enseignement en ligne est-il souvent évoqué dans les médias ? Si oui, quels sont les points de vue qui reviennent souvent ?

Technique 2 : explorer les différents aspects

Cette technique consiste à lister les différents aspects d'un problème et à se poser des questions en fonction de notre objectif. Par exemple :

- – Aspect économique : quels coûts ?
- – Aspect pédagogique : quelles méthodes ?
- – Aspect politique : quelles décisions ?

Activité 7 - Explorer les différents aspects

Sur quels aspects pourriez-vous traiter l'enseignement en ligne ? Posez au moins une question pour chacun des aspects que vous trouverez, selon l'exemple.

— Aspect économique : est-ce que les cours en ligne engendrent des frais supplémentaires pour les étudiants ?

— ...

Technique 3 : varier les points de vue

Cette technique consiste à identifier les différentes personnes concernées par un problème — pas uniquement le destinataire — et à prendre en compte leur point de vue. *En nous imaginant un moment à leur place*, nous pourrons relativiser et nuancer notre vision personnelle.

Activité 8 - Varier les points de vue

Répondez aux questions suivantes.

A. Les destinataires de l'article — à savoir les étudiants — partagent-ils tous le même point de vue ?

B. Quels sont les autres acteurs concernés par l'enseignement hybride ? Quels peuvent être leurs différents points de vue, selon vous ?

Activité 9 - Production guidée

Recherchez des arguments pertinents pour votre article, en les étayant par des idées secondaires et des exemples précis.

1.3. Préparer un plan détaillé

Maintenant que nous avons des arguments pertinents, essayons de les structurer d'une manière convaincante pour le destinataire.

1.3.1. Structurer le texte

La structure générale d'un texte argumentatif est une question de logique, mais surtout de stratégie. Pour cela, il faut garder en tête votre objectif. Que demande la consigne ? Donner un avis personnel, alerter un responsable politique, proposer des solutions ou critiquer un projet... ? Comment comptez-vous atteindre l'objectif ? C'est la stratégie que vous adopterez qui va déterminer la progression générale de votre argumentation.

Prenons un exemple concret. Rappelez-vous cette consigne que nous avons déjà analysée :

L'enseignement hybride est-il une solution durable pour l'université ? Vous exposerez votre point de vue personnel dans un texte clair et bien structuré.

Pour structurer cet essai, nous pouvons adopter un plan de type *dialectique* qui permet de confronter des arguments favorables et défavorables. Si notre réponse est plutôt affirmative — oui, je pense que l'enseignement hybride est une solution durable — alors il est préférable de commencer par les arguments *contre* (les problèmes posés par l'enseignement hybride). Nous mettrons les arguments *pour* en dernière position de l'essai argumenté afin de les mettre en valeur, de montrer qu'ils sont plus importants pour nous.

Activité 10 - Adopter une stratégie

Reprenons notre sujet de production guidée. Quelle stratégie allez-vous adopter pour convaincre vos destinataires ? Quelle progression générale allez-vous donner à votre texte ?

Activité 11 - Choisir un plan général

Quel plan général serait le plus efficace pour notre production guidée ? Justifiez votre réponse.

PLAN A

I. Aspects relationnels

II. Aspects pédagogiques

III. Aspects techniques

PLAN B

I. Atouts du modèle hybride

II. Inconvénients du modèle hybride

PLAN C

I. Problèmes de l'enseignement en ligne

II. Atouts du modèle hybride

III. Solutions pour un modèle hybride efficace

PLAN D

I. Situation catastrophique à l'université

II. Solution proposée : le modèle hybride

III. Échec de l'enseignement en ligne : causes et conséquences

> **À retenir**
> Une argumentation *nuancée* qui prend en compte des opinions différentes, voire opposées, aura plus de chance de convaincre qu'un point de vue limité à une seule vision des choses.

1.3.2. Organiser chaque partie

Après avoir choisi un plan général, passons à l'organisation de chaque partie. Quelles sont les qualités d'un plan détaillé ? Commençons par un contre-exemple.

Activité 12 - Critiquer un plan

Quels sont les défauts de cette première partie ?

I. Problèmes de l'enseignement en ligne

1. Tous les étudiants n'ont pas de connexion Internet à la maison.
2. Il est très difficile de rester concentrés pendant 3 heures de visioconférence.
3. L'isolement affectif des étudiants entraînent des dépressions, parfois très graves.
4. Dans les familles modestes, les étudiants n'ont pas d'espace personnel pour travailler au calme.
5. Les visioconférences sont trop ennuyeuses pour les étudiants.

Activité 13 - Compléter un plan

Voici une liste d'idées pour la première et la deuxième partie de notre plan. Regroupez-les par arguments principaux auxquels vous donnerez un titre. Puis, complétez le plan comme dans l'exemple ci-dessous.

- Pédagogie plus adaptée aux besoins actuels
- Manque d'équipement informatique
- Problèmes de concentration
- Augmentation des capacités d'accueil
- Meilleure répartition théorie/pratique
- Manque d'espace personnel pour travailler
- Isolement affectif
- Adaptation aux différents profils

I. Problèmes de l'enseignement en ligne

1. ...

— ...

— ...

2. ...

— ...

— ...

II. Atouts du modèle hybride

1. *Un modèle plus inclusif*

— Augmentation des capacités d'accueil

— ...

2. ...

— ...

— ...

À retenir
Pensez à bien équilibrer votre plan : 2 ou 3 parties et 2 ou 3 arguments principaux dans chacune des parties. De plus, dans une production courte de 250 mots environ, il vaut mieux privilégier la qualité : développez peu d'arguments, mais bien !

1.4. Production guidée, étape 1

Nous avons vu les techniques essentielles pour planifier un essai argumenté. C'est à vous de jouer maintenant !

Activité 14 - Production guidée

Préparez le plan détaillé de l'essai argumenté, comprenant les arguments principaux et secondaires, ainsi que les exemples. Puis, comparez avec le modèle proposé dans les corrigés.

1.5. Point stratégie

Des conseils et des idées d'activités pour une préparation encore plus efficace, en travaillant seul (en solo) ou avec un ami (en tandem).

En solo

A. S'informer sur les problématiques actuelles. Comme vous pourrez le voir dans la liste en annexe, les thèmes fréquents à l'examen sont tirés de l'actualité. Développer vos connaissances sur ces thèmes vous aidera à trouver des idées à l'écrit comme à l'oral. Pour cela, entraînez-vous à repérer dans la presse les problématiques importantes, par exemple *comment lutter contre les fausses informations* ? Relevez les arguments intéressants et les mots-clés. Pour faciliter la mémorisation, faites une fiche par problématique que vous pourrez relire régulièrement avant l'examen. Vous pourrez notamment classer le vocabulaire par aspects (économique, social...). *Partager les problématiques, en tandem, vous ferait gagner beaucoup de temps : pensez-y !*

B. Mobiliser son expérience personnelle. À l'examen, une réflexion personnelle appuyée sur votre expérience sera plus valorisée que des idées trop générales. Ainsi, prenez l'habitude quand vous lisez un article tiré de la presse francophone de comparer les informations avec la situation dans votre environnement quotidien et plus généralement dans votre pays. Cela vous aidera à aborder la problématique de manière plus concrète, mais également de mieux comprendre le texte.

C. Comment noter un plan détaillé. Un plan détaillé contient de nombreuses informations : idées principales, secondaires, exemples... Comment les noter clairement afin de bien les visualiser pendant la rédaction ? Préférez-vous les classer sous forme de liste ou de schéma ? C'est important de trouver une technique qui vous convient. Celle des cartes conceptuelles, par exemple, pourra vous aider. Voir les liens utiles en annexe.

En tandem

D. Improviser. Trouver rapidement des idées sur des thèmes différents est une capacité essentielle le jour de l'examen. Voici comment vous entraîner. Écrivez des problématiques du type *comment lutter contre...*, sur de petits morceaux de papier. Privilégiez les problématiques que vous pouvez rencontrer à l'examen. Par exemple : *comment lutter contre le changement climatique ?* Un membre tire un papier au hasard et improvise 3 solutions à ce problème en temps limité. Puis les 2 membres discutent des avantages et des inconvénients de chaque solution, pour enfin choisir la meilleure.

E. Jouer des rôles différents. Analysez un sujet en tandem. Au moment de la recherche d'idées, prenez chacun un rôle différent et notez séparément le maximum d'idées. Par exemple, sur une problématique comme : *Les élèves peuvent-ils évaluer leurs professeurs ?*, l'un joue le rôle d'un parent d'élève, l'autre d'un professeur. Puis débattez pour trouver un accord. Ce type d'activité vous entraînera à nuancer votre vision d'un problème et à adapter vos arguments en fonction de votre interlocuteur. Plus vous jouerez des rôles éloignés de vous, plus vous élargirez votre compréhension d'un problème.

Et n'oubliez pas que vous pouvez demander de l'aide dans le groupe Facebook de commun français.

2. Rédiger l'essai argumenté

Votre plan est prêt ? Il est temps de passer à la rédaction. **Le but de cette étape est d'écrire une première version de votre essai argumenté**, avant de passer à la révision pour contrôler les erreurs.

Comme pour la synthèse, cette étape nécessite un bon niveau général d'expression écrite, en particulier pour argumenter. Vous devriez disposer d'un vocabulaire déjà riche pour développer des arguments : faire des comparaisons, exposer les causes, expliquer des évolutions, suggérer des solutions, etc. Vous devriez d'autre part maîtriser la construction de phrases complexes, ainsi que les connecteurs de base pour marquer la progression d'un texte. Si vous avez besoin de vous améliorer, vous trouverez des ressources dans les liens en annexe.

Dans ce livre, nous concentrerons nos efforts sur **les objectifs de rédaction indispensables pour réussir un essai argumenté :**

Structurer un texte :

- – Adopter une mise en page efficace
- – Introduire et conclure selon le contexte
- – Relier les arguments par des connecteurs variés
- – Renforcer la cohésion par des anaphores

Exprimer un point de vue avec précision :

- – Formuler des jugements de valeur
- – Exprimer des certitudes/incertitudes
- – Exprimer des oppositions/concessions

Alors, prêt pour l'étape ? Suivez le guide ! Pour commencer, rappelons rapidement les règles de rédaction d'un essai argumenté.

Activité 15 - Les règles de rédaction d'un essai argumenté

Dites si les affirmations suivantes sont vraies (V) ou fausses (F).

A. Le candidat peut écrire plus de 250 mots.
B. Si le candidat signe son texte, il doit employer un faux nom.
C. Dans une lettre formelle, le candidat doit écrire le lieu et la date de rédaction.
D. Un texte doit toujours comporter une introduction et une conclusion.
E. Il faut laisser un espace entre chaque partie.
F. Les phrases peuvent être rédigées avec les pronoms *je* ou *nous*.
G. Le candidat doit rédiger des phrases courtes et faciles à lire.

2.1. Mettre en page

Dans la production guidée de la synthèse, nous avons déjà vu les règles générales de mise en page (voir section *2.1. Mettre en page*) : ce sont les mêmes pour l'essai argumenté.

Mais, dans le deuxième exercice de l'épreuve s'ajoute une légère complication : la mise en page pourra varier selon le type de texte imposé par la consigne : lettre, message dans un forum, etc. Pour faire simple, distinguons le *corps du texte* (obligatoire et invariable) et le *paratexte* (facultatif et variable) :

– **Le corps du texte :** pour tous les types de texte, il doit comprendre l'introduction, le développement et la conclusion. Les différentes parties et les paragraphes doivent se distinguer clairement sur la page.
– **Le paratexte :** ce sont les informations qui entourent le corps du texte, comme le titre, l'objet, la signature, etc. Ils dépendent du type de texte et ne sont pas obligatoires en général. Au candidat d'ajouter les éléments utiles dans le contexte.

Activité 16 – Les éléments du paratexte

Associez les types de textes avec les éléments de paratexte qui peuvent être ajoutés.

A. Lettre formelle	1. Titre
B. Courrier électronique	2. Chapeau
C. Message dans un forum	3. Coordonnées de l'expéditeur
D. Essai	4. Lieu et date de rédaction
E. Article de presse	5. Objet
F. Courrier des lecteurs	6. Signature à gauche
	7. Signature à droite

À retenir

Le paratexte compte peu à l'examen. À vous de choisir les éléments qui peuvent rendre le texte plus réaliste : la signature pour une lettre, le titre pour un article de presse, etc.

2.2. Rédiger l'introduction

Le contenu d'une introduction va dépendre de l'objectif du texte et de la stratégie adoptée (voir section *1.3.1. Structurer le texte*). Mais, dans tous les textes argumentatifs, nous trouverons la même structure générale, celle des **3 P** :

– **Présentation :** on expose la situation (sujet à traiter, circonstances, rôle du destinataire...) ;
– **Problématique :** on formule l'objectif du texte (motivation, problème à résoudre...) ;
– **Plan :** on annonce, de façon plus ou moins détaillée, le contenu du texte.

Toutefois, des formulations pourront varier selon le type de texte. Prenons des exemples concrets.

Activité 17 - Introduire selon le type de texte

Associez chaque introduction au type de texte correspondant : lettre formelle, message dans un forum, essai ou courrier électronique.

A. Bonjour à tous !

Dans le dernier numéro du magazine *Étudiant.e.s*, j'ai vu une pétition contre l'enseignement en ligne qui m'a beaucoup surpris. Je comprends certaines critiques, mais un modèle hybride comporte des avantages que j'aimerais partager avec vous.

B. Bonjour madame,

Étudiant en 3ᵉ année de licence, je souhaiterais réagir à la pétition parue dans votre magazine du 3 janvier dernier. Les critiques envers l'enseignement en ligne me semblent en effet excessives et je souhaiterais exposer les avantages d'un modèle hybride.

C. Madame, Monsieur,

Au nom du syndicat étudiant FLU, je me permets de vous écrire au sujet de la pétition parue dans votre numéro du 28 octobre. Faut-il abandonner totalement les cours en ligne ? Nous pensons au contraire que ce serait une erreur de renoncer aux avantages d'un modèle mixte.

D. Depuis sa généralisation, l'enseignement en ligne s'est attiré de nombreuses critiques, tant des professeurs que des étudiants. Faut-il pour autant l'abandonner, comme le réclame une pétition récente ? Dans un premier temps, nous verrons en effet que l'enseignement en ligne accroît les inégalités et les risques de décrochage. Toutefois, nous montrerons dans un second temps que l'adoption d'un modèle hybride, mixant cours en présentiel et à distance, serait à la fois plus inclusif et plus efficace.

Activité 18 - Corriger une introduction

Voici, pour le courrier des lecteurs de notre production guidée, un exemple d'introduction qui contient quelques maladresses. Relevez-les et justifiez vos choix.

« Monsieur,

Cette pétition me semble excessive. Même si ce mode d'enseignement est imparfait, faut-il pour autant l'abandonner ? Dans une première partie, je passerai en revue les effets néfastes de l'enseignement en ligne tels que l'augmentation des inégalités et des décrochages. Ensuite, je montrerai qu'un modèle hybride, alternant présentiel et distanciel, serait à la fois plus inclusif et plus efficace. En dernière partie, j'envisagerai les solutions à adopter pour faciliter sa mise en place. »

Activité 19 - Production guidée

Rédigez l'introduction de la production guidée. Puis, comparez avec le modèle proposé dans les corrigés.

À retenir
L'introduction doit être à la fois précise et adaptée au contexte. C'est le moment de montrer que vous avez bien compris la consigne !

2.3. Développer les arguments

Passons maintenant à la rédaction des 2 ou 3 parties de notre développement, selon le plan détaillé. Rappelons que :

- Chaque partie comprend 2 ou 3 arguments principaux ;
- À chaque argument principal correspond un paragraphe logiquement structuré ;
- Chaque argument principal doit être justifié par des arguments secondaires et des exemples qui s'efforcent d'en démontrer la validité.

Dans la production guidée de la synthèse (voir section *1.2.2. Comment repérer les idées essentielles ?*), nous avons déjà analysé différentes structures d'un paragraphe argumentatif. Nous pourrons nous en servir comme modèles pour développer nos arguments.

Au niveau C1, un candidat doit pouvoir argumenter d'une façon précise et nuancée. L'enrichissement du vocabulaire est donc un objectif essentiel pour votre préparation à l'examen. Dans ce guide, nous nous concentrerons sur 3 points prioritaires :

1. Formuler un jugement de valeur
2. Exprimer une certitude/incertitude
3. Exprimer une opposition/concession

2.3.1. Formuler un jugement de valeur

L'enseignement en ligne se montre-t-il *bénéfique* ou *néfaste* ? Pour juger des choses avec précision, nous avons besoin d'enrichir notre collection d'adjectifs portant sur des aspects différents : comment parler du bien, du mal, du bon, du mauvais… ? Par ailleurs, remplaçons le verbe *être*, trop banal, par un verbe plus formel, comme *se montrer*.

Activité 20 - Adjectifs contraires

Associez les adjectifs de sens contraire.

A. Exact
B. Légitime
C. Utopique
D. Dramatique
E. Satisfaisant
F. Discutable

1. Réalisable
2. Décevant
3. Admis
4. Erroné
5. Injustifiable
6. Insignifiant

Activité 21 - Constructions verbales

Remettez les phrases dans l'ordre et rétablissez la ponctuation.

A. les - concernant - révèlent - en - sciences - se - cours - ligne - les - efficaces - relativement

B. visant - plutôt - critiques - déplacées - le - hybride - certaines - semblent - me - modèle

C. étudiants - insipides - des - cours - la - trouvent - plupart - absolument - par - les - visioconférence

D. avèrent - comme - plateformes - professeurs - les - déroutantes - s' - pour - les - Moodle - particulièrement

Activité 22 - Pratiquer

Revenons à notre sujet de production guidée. Comment jugez-vous la pétition contre l'enseignement en ligne ? Rédigez au minimum 3 phrases en variant les formulations de jugement de valeur.

2.3.2. Exprimer une certitude ou une incertitude

Dans notre argumentation, nous exposerons des faits, comme des causes, des changements, etc. De plus, nous pourrons préciser s'ils sont certains, éventuels ou improbables.

Activité 23 - Observer

Repérez dans les phrases suivantes les mots et expressions qui expriment une certitude ou une incertitude.

A. La mise en place d'un modèle hybride prendra probablement beaucoup de temps. B. Le taux d'abandon en licence aurait doublé par rapport à l'année dernière. C. Les progrès des plateformes concernant l'ergonomie sont indéniables. D. Il serait étonnant que tous les cours en amphithéâtre soient enregistrés. E. Sur le long terme, l'enseignement en ligne pourrait entraîner l'isolement affectif des étudiants. F. L'efficacité de la classe inversée pour la mémorisation des connaissances me paraît incontestable. G. J'ai l'intime conviction que le modèle hybride permettra à plus d'étudiants de réussir. H. La reprise des cours magistraux selon l'ancien système reste hypothétique.

CERTITUDE :

INCERTITUDE :

Activité 24 - De l'oral à l'écrit

Reformulez les phrases suivantes de manière plus formelle.

A. Une suppression totale des cours en ligne, je n'y crois pas vraiment.

B. Est-ce que l'université va prêter des ordinateurs aux étudiants précaires ? Cela paraît possible.

C. Les étudiants passeront les examens en ligne, c'est évident !

D. Si les étudiants abandonnent, c'est peut-être à cause du manque d'interactions.

E. Les plateformes modernes facilitent les activités de groupe, j'en suis sûr !

Activité 25 - Pratiquer

Quels sont les effets certains, éventuels ou improbables de l'évaluation à distance ? Rédigez au minimum 3 phrases en variant les formulations de certitude et d'incertitude.

2.3.3. Exprimer une concession ou une opposition

L'argumentation, c'est d'abord un dialogue. Pour convaincre, nous devons écouter d'autres points de vue, faire des concessions, même si c'est pour mieux réfuter les arguments ! Prenons un exemple : « Les aides apportées aux étudiants précaires sont tout à fait louables. Cependant, elles sont loin de répondre aux attentes. » L'argumentation suit fréquemment ce mouvement de concession/opposition, qui consiste à admettre un argument *de façon partielle*, pour mieux le critiquer ensuite.

Activité 26 - Observer

Repérez dans les phrases suivantes les mots et expressions qui expriment une concession ou une opposition.

A. Ces mesures, si efficaces qu'elles soient, ne pourront jamais éliminer les risques de fraude. B. En revanche, les cours en ligne permettent d'économiser du temps de transport. C. Au lieu d'essayer de reproduire le présentiel à distance, il vaudrait mieux adopter une nouvelle méthode d'enseignement. D. L'université avait promis d'ouvrir rapidement des espaces de co-apprentissage, néanmoins rien n'était prêt à la rentrée. E. Je n'ignore pas la frustration qu'entraînent de longues journées devant l'écran. F. S'il est vrai que les plateformes de visioconférence ont fait d'énormes progrès, il demeure difficile d'animer un grand groupe d'étudiants. G. Je vous concède que le modèle hybride pose encore des difficultés d'organisation. H. L'accès à l'enseignement supérieur est un droit pour tous. Il n'en reste pas moins que les inégalités persistent dans notre pays.

CONCESSION :

OPPOSITION :

Activité 27 - Associer

Associez les deux parties de chaque phrase.

A. Des étudiants ont trouvé le moyen de tricher à l'examen
B. Si le campus reste accessible tous les jours,
C. Même si les étudiants sont équipés en informatique,
D. Les téléphones portables sont interdits pendant les partiels,
E. Il n'est pas rare qu'un professeur continue à parler,
F. Quelle que soit l'efficacité de la méthode pédagogique,

1. la bibliothèque universitaire ferme le dimanche.
2. en dépit du logiciel de surveillance.
3. c'est grâce à son travail personnel qu'un étudiant réussit ses études.
4. alors que la plupart des étudiants ont quitté la visioconférence.
5. toutefois ils sont tolérés lors des examens en ligne.
6. ils ne disposent pas toujours d'un endroit calme pour travailler.

Activité 28 - Pratiquer

Répondez à ces 3 arguments qui pourraient être exposés dans la pétition contre l'enseignement en ligne. Variez les expressions de l'opposition et de la concession.

A. Les cours en amphithéâtre sont plus animés que les cours en ligne.

B. Les formations en ligne demandent plus de travail personnel.

C. L'enseignement traditionnel a prouvé qu'il était performant.

2.4. Relier les arguments

Organiser les idées à l'aide d'un plan n'est pas suffisant. Afin d'exprimer notre point de vue avec le maximum de clarté, nous avons besoin de mettre en évidence la progression du texte par des transitions et des connecteurs.

2.4.1. Soigner les transitions

Même court, un texte doit rester fluide : l'introduction, le développement et la conclusion doivent s'enchaîner logiquement pour le lecteur. Pour cela, nous allons prévoir des transitions entre les parties. Dans la lettre du modèle d'épreuve, nous pouvons lire : *En conséquence, nous souhaiterions insister sur la nécessité de prendre des mesures.* Cette phrase de transition assure le passage entre la partie consacrée à la description du problème et celle qui va proposer des solutions. Elle insiste sur la gravité de la situation et affirme la nécessité de l'améliorer. Autrement dit, **elle justifie l'existence de la nouvelle partie.**

Placée au début d'une partie, le rôle d'une transition est donc double :

– Montrer que cette nouvelle partie est indispensable : dans la partie précédente, les idées étaient insuffisantes ou insatisfaisantes, le problème analysé pourrait avoir de graves conséquences, etc.

– Annoncer le contenu de la nouvelle partie : une critique des idées précédentes, une analyse des causes, la recherche de solutions, etc.

Dans l'essai argumenté du DALF C1, les transitions doivent rester brèves : une phrase, deux au maximum. Par ailleurs, il n'existe pas de phrases standards : les formulations dépendront de chaque contexte et du registre de langue. Toutefois, on peut pointer quelques maladresses à éviter.

Activité 29 - Transitions à éviter

*Quelles phrases de transition faudrait-il **éviter** dans notre production guidée ? Justifiez vos choix.*

A. Malgré les raisons qui poussent à supprimer l'enseignement en ligne, je tâcherai de montrer l'idée inverse.

B. Après les inconvénients de l'enseignement en ligne, je passe maintenant à ses avantages dans un modèle hybride.

C. Faut-il pour ces raisons abandonner l'enseignement en ligne ? Je suis convaincu, au contraire, qu'il pourrait être mieux employé.

D. Cependant, pour être réellement efficace, ce modèle hybride devrait être adopté progressivement et rendu accessible à tous.

E. Pour compléter la première partie consacrée à l'aspect pédagogique, je voudrais aborder à présent les problèmes d'organisation.

F. On pourrait en conclure que les cours en ligne sont à bannir définitivement ! Mais, ce serait oublier les atouts d'un modèle mixte.

G. Si les cours en ligne ont déçu jusqu'à présent, ils gardent tout leur intérêt pour un dispositif hybride où ils alternent avec le présentiel.

Activité 30 - Production guidée

Reprenez votre plan détaillé pour la production guidée (voir activité 14) et rédigez les transitions entre les parties.

2.4.2. Varier les connecteurs

Au niveau C1, le candidat perfectionne ses connaissances : après les connecteurs basiques acquis aux niveaux B1 et B2, comme *d'abord... ensuite*, il doit apprendre à employer et à varier des connecteurs plus complexes, appartenant au registre formel.

Activité 31 - Associer

Associez les connecteurs de sens équivalent.

A. D'abord	1. En premier lieu
B. Enfin	2. Par ailleurs
C. Pour conclure	3. En fait
D. En réalité	4. En dernier lieu
E. En ce qui concerne	5. En outre
F. De plus	6. En définitive
G. D'un autre côté	7. Quant à

Activité 32 - Associer

Associez les deux parties de chaque phrase.

A. L'enseignement à distance se montre efficace en sciences et en langues étrangères.
B. Non seulement les cours en présentiel obligent à se déplacer,
C. Les équipements informatiques représentent un coût important à l'achat
D. D'une part, les plateformes s'avèrent difficiles à manipuler pour les enseignants.
E. Dans ma licence, les étudiants ont cessé de suivre les cours par visioconférence.
F. La bibliothèque n'a pas la capacité d'accueillir beaucoup d'étudiants,

1. d'autant plus qu'elle est fermée le dimanche et les jours fériés.
2. mais ils ont lieu dans des amphithéâtres bondés, surtout en début d'année.
3. et ils imposent de surcroît une maintenance régulière.
4. En effet, ils les trouvaient trop longs et pas assez interactifs.
5. Pour ce qui est des disciplines artistiques, les défis sont encore nombreux.
6. D'autre part, les connexions Internet sont beaucoup trop lentes.

Activité 33 - Classer les connecteurs.

Classez les connecteurs rencontrés dans les activités 31 et 32 selon leur fonction. Puis, complétez la liste avec d'autres connecteurs que vous connaissez.

A. Commencer un développement : *D'abord*

B. Continuer un développement :

C. Terminer un développement :

D. Conclure un développement :

E. Expliquer un argument :

F. Renforcer un argument :

Activité 34 - Contrôler les connecteurs

Repérez dans ces 2 paragraphes argumentatifs les connecteurs qui ne sont pas corrects. Puis, remplacez-les par les connecteurs qui conviennent.

« Je dois concéder aux auteurs de la pétition que l'enseignement en ligne génère de nombreux problèmes. En premier lieu, il creuse les inégalités entre les étudiants. En fait, tous ne peuvent pas s'équiper d'un ordinateur leur permettant de suivre les visioconférences, faute de moyens financiers. D'ailleurs, bénéficier d'un espace personnel où travailler en toute tranquillité reste un luxe inaccessible pour beaucoup : difficile alors de suivre un cours au milieu du salon, avec le téléviseur allumé de surcroît !

En définitive, nous voyons tous dans notre entourage des amis qui décrochent. Comment rester concentrés huit heures par jour à écouter des monologues ? Les médias ont raison de nous appeler la *génération Zoom*. D'ailleurs, même les enseignants s'en plaignent. Non seulement aux conséquences psychologiques, elles se montrent parfois dramatiques. Enfin, la réduction des contacts sociaux a fait exploser le nombre de dépressions depuis l'année dernière. »

2.5. Améliorer son style

Pour aller plus loin, voyons maintenant des procédés puissants qui vont permettre de renforcer la cohésion d'un texte : les anaphores.

On appelle *anaphore* la reprise d'un mot ou d'un groupe de mots sous une forme différente. Par exemple : « *Les étudiants* ne supportent plus les visioconférences. *Ils* préfèrent abandonner les cours. » Dans cette phrase, *Ils* est l'anaphore de *Les étudiants* que l'on appelle alors *l'antécédent*. Dans cet exemple, ce procédé permet tout simplement d'éviter une répétition.

Vous me direz que cet exemple n'est pas du niveau C1 et vous aurez raison ! Les anaphores standards sont normalement acquises au niveau B2. Pour la préparation au DALF C1, nous allons nous intéresser à des procédés anaphoriques plus élaborés, qui permettent de rédiger des textes dans un registre formel avec un haut degré de cohésion. Pour cela, nous allons aborder les différents procédés selon leur finalité :

1. Éviter une répétition
2. Développer l'antécédent
3. Condenser l'antécédent

2.5.1. Éviter une répétition

Vous savez sans doute que la langue française n'aime pas beaucoup les répétitions, surtout dans un écrit formel. C'est pourquoi les moyens de les éviter sont très nombreux :

A. Les anaphores nominales

L'antécédent est repris généralement par un synonyme ou un hyperonyme. Par exemple, nous pourrons remplacer le mot *pétition* par *réclamation* ou *requête*.

Nous avons déjà abordé ces procédés comme techniques de reformulation pour la synthèse (voir section *2.3.1. Reformuler des idées*).

B. Les anaphores pronominales courantes

Ce sont les pronoms personnels, relatifs, démonstratifs, possessifs… La plupart sont déjà connus au niveau C1. Mais vous aurez peut-être envie de faire quelques révisions ?

C. Les anaphores pronominales celui-ci, le premier, ce dernier

Ce sont des pronoms fréquemment utilisés dans les écrits formels, pour reprendre une partie d'un antécédent composé de plusieurs éléments. Par exemple : « L'enseignement en ligne peut générer des *décrochages* et des *dépressions. Celles-ci (ces dernières)* touchent particulièrement les étudiants isolés. » L'anaphore *celles-ci* reprend le dernier élément. En revanche, le pronom *ils* reprendrait tout le groupe nominal sans distinction (les décrochages ET les dépressions). Si nous voulions reprendre le premier élément de l'antécédent (les décrochages), nous utiliserions *Les premiers*.

D. Les pronoms quantitatifs (indéfinis) : aucun, nul, quelques-uns, certains, beaucoup, la plupart…

Également très utilisés dans les écrits formels, les pronoms quantitatifs permettent de diviser un antécédent en plusieurs groupes. Par exemple : « Les *étudiants* s'ennuient pendant les visioconférences. *La plupart d'entre eux* font d'autres activités en même temps. *Certains* finissent même par se déconnecter. » Les 2 anaphores reprennent bien l'antécédent *Les étudiants*, mais pas dans la totalité : ils divisent en différentes quantités ou proportions.

Activité 35 - Réviser ses connaissances

Essayez de rappeler vos connaissances : quelles anaphores (nominales et pronominales courantes) pourriez-vous employer pour remplacer « modèle hybride » dans notre production guidée ?

Activité 36 - Supprimer les répétitions

Remplacez les répétitions par les anaphores qui conviennent. Faites les transformations nécessaires.

A. Les examens de janvier se sont déroulés à distance, mais les examens de juin ont eu lieu normalement sur le campus.

B. Une coupure d'Internet est survenue pendant l'examen en ligne et quelques étudiants n'ont pas pu terminer. Tous les étudiants ont dû repasser l'épreuve le lendemain.

C. Toutes les études qui comparent l'enseignement en ligne et le modèle hybride le prouvent : l'enseignement en ligne obtient de moins bons résultats que le modèle hybride.

D. Afin de réduire les inégalités, je suggère le prêt d'ordinateurs et l'ouverture d'espaces de co-apprentissage. Les espaces de co-apprentissage pourraient être aménagés dans la bibliothèque universitaire.

E. Parmi les étudiants signataires de la pétition, la majorité des étudiants sont en licence et les étudiants qui restent sont en master.

F. Concernant le modèle hybride, les étudiants de mon université sont divisés en deux camps. Des étudiants refusent sa mise en place. Des étudiants préfèrent son report à l'année prochaine.

2.5.2. Développer l'antécédent

Prenons tout de suite un exemple : « Tous les cours de licence se déroulent désormais sur *Zoom*. *Ce logiciel de visioconférence américain* connaît un énorme succès depuis l'année dernière ». Ici, **l'anaphore ne se contente plus d'éviter une répétition, elle comporte une description de l'antécédent.** Ces anaphores à valeur descriptive sont très employées à l'écrit, notamment dans la presse. C'est un procédé à la fois économique et efficace pour développer un sujet, en apportant les informations pertinentes au bon moment. Il assure ainsi une progression thématique, mais également un meilleur enchaînement des phrases. Par ailleurs, vous remarquerez que l'anaphore est précédée le plus souvent par un adjectif démonstratif.

Activité 37 - Associer

Associez les phrases suivantes.

A. Au début de l'année, chaque étudiant reçoit un mot de passe pour accéder à Moodle.
B. L'étudiant travaille en autonomie sur un module théorique avant chaque TP.
C. En première année de licence, les enseignements comportent surtout des cours magistraux.
D. Les étudiants ont fait publier dans un magazine une pétition demandant l'arrêt des cours en ligne.
E. La crise sanitaire aura touché bien plus les étudiants en licence qu'en doctorat.
F. Les universités ont dû débloquer des crédits pour s'acquitter des frais de tutorat.

1. En effet, la formation à la recherche comprenant essentiellement du travail individuel souffre moins de la distance.
2. Cette requête qui a recueilli plus d'un millier de signatures a fait l'effet d'une bombe sur le campus.
3. Cette plateforme d'apprentissage en ligne d'origine australienne est la plus adoptée dans les universités françaises.
4. Cet accompagnement pédagogique assuré par des étudiants plus anciens se révèle en effet indispensable dans les cours en ligne à grands effectifs.
5. Ces travaux pratiques, à ne pas confondre avec les travaux dirigés, se déroulent en laboratoire par petits groupes de quinze étudiants au maximum.
6. Ces cours dispensés par des professeurs expérimentés ont lieu dans des amphithéâtres pouvant accueillir plusieurs centaines d'étudiants.

Activité 38 – Compléter les phrases

Complétez, selon les cas, par l'antécédent ou l'anaphore.

A. L'université a décidé de reprendre .... à partir de la rentrée. Ces cours où les étudiants appliquent les connaissances apprises se déroulent une fois par semaine sur le campus.

B. Sur la plateforme, tous les cours sont accompagnés de forums. .... sont particulièrement actifs en lettres et sciences humaines.

C. J'ai essayé de m'inscrire en master à distance à la Sorbonne, mais sans succès. .... croule sous les candidatures dans cette période de crise sanitaire.

D. Depuis le début de l'année, mes cours de physique suivent le principe de la .... Cette approche pédagogique qui consiste à apprendre la théorie avant d'arriver en classe se généralise dans mon établissement.

E. Cette année, notre école a décidé d'appliquer le contrôle continu. .... remplacera les épreuves sur table de fin de semestre.

F. De nombreux utilisateurs de Zoom se plaignent de problèmes de sécurité. En effet, ... est devenue la cible des pirates.

2.5.3. Condenser l'antécédent

C'est le procédé inverse du précédent : au lieu de développer, **il s'agit de reprendre un antécédent d'une certaine longueur, en résumant ou généralisant son contenu sémantique**. Par exemple : « L'enseignement en ligne défavorise les étudiants qui manquent de moyens ou qui présentent des difficultés pédagogiques. *Ces inégalités* sont scandaleuses, etc. » En reprenant de manière générale le fait ou l'argument précédents, **l'anaphore permet de faire une transition** (voir section *2.4.1. Soigner les transitions*) avec l'idée qui va suivre. On peut distinguer 2 procédés pour condenser l'antécédent :

A. Les anaphores nominales

Événement, évolution, hypothèse, phénomène, caractéristique... : il existe un grand nombre de noms *génériques* qui permettent de désigner des faits, des catégories de personnes, des concepts, etc. Ces termes peuvent être neutres ou comporter un jugement de valeur, comme *ces inégalités* dans l'exemple ci-dessus. Une bonne stratégie pour perfectionner nos écrits est alors de connaître une large gamme de ces noms. Prenons un autre exemple : « Il faudrait prêter des ordinateurs portables aux étudiants en situation de précarité. Mais *une telle mesure* coûterait cher aux établissements. » Dans certains cas, nous pourrons avoir besoin d'ajouter un accent d'intensité par les adjectifs *tel* ou *pareil*.

B. Ce + pronom relatif ou ce + préposition + pronom relatif

Voilà un moyen très pratique de reprendre tout un énoncé, sans changer de phrase. Par exemple : « Cette année, tous les examens devront se passer en ligne, *ce qui* risque d'augmenter les tentatives de fraude. » Un autre exemple plus complexe, avec une préposition : « Mon école organisait des cours en ligne depuis dix ans, *ce grâce à quoi* elle s'est adaptée rapidement à la crise sanitaire. » C'est une formulation soutenue : à l'oral, nous dirions plutôt *et c'est grâce à cela que...*

Activité 39 - Compléter avec des anaphores nominales

Complétez les phrases avec les anaphores suivantes en ajoutant les déterminants qui conviennent : démarche, éventualité, dénouement, phénomène, dispositif, conjoncture, initiative.

A. Certains étudiants ont commencé à boycotter les cours en ligne. .... ne me paraît pas appropriée dans la situation actuelle.

B. La recrudescence du virus avait entraîné la fermeture des établissements universitaires. Dans ...., l'enseignement en ligne s'est imposé comme une évidence.

C. Cette année, les redoublements en licence ont augmenté de 50 %. .... inquiète énormément les responsables de l'Université.

D. Il se pourrait que les établissements universitaires restent fermés jusqu'à l'année prochaine. Les étudiants doivent se préparer à ....

E. Dans notre master, les cours magistraux en visioconférence alternent avec les projets en petits groupes et les travaux dirigés en présentiel. .... est très apprécié des étudiants.

F. Des éditeurs ont mis gratuitement en ligne des livres numériques. Étudiants et enseignants ont salué ....

G. En fin de compte, l'université a choisi de supprimer les examens de juin. Les étudiants craignaient ....

Activité 40 - Compléter avec ce (+ préposition) + pronom relatif

Complétez les phrases suivantes avec ce (+ préposition) + pronom relatif.

A. Les cours sur Internet ne sont pas toujours accessibles, ... les étudiants se plaignent régulièrement.

B. La crise sanitaire offre l'opportunité de développer l'enseignement en ligne sur le long terme, ... les enseignants ne sont pas prêts à accepter.

C. Les étudiants ont exprimé leur inquiétude et demandé des précisions sur le futur dispositif, ... les responsables n'ont pas voulu répondre.

D. Lors des visioconférences, les enseignants ne voient pas les visages des participants, ... n'est pas sans créer des problèmes de compréhension.

E. La fréquence hebdomadaire des cours à distance a encore augmenté ce semestre, ... les étudiants ont décidé de faire grève.

F. Des bornes Wi-Fi supplémentaires ont été installées dans les couloirs de l'école, ... les élèves pourront profiter d'une meilleure connexion Internet.

2.6. Rédiger la conclusion

Surtout, ne laissons pas le lecteur sur une mauvaise impression : il faut prendre le temps de rédiger la conclusion avec autant de soin que le reste.

Son contenu dépend essentiellement de l'objectif du texte : s'il s'agit de demander des mesures, c'est le moment d'appeler à l'action ! Concernant la forme, elle peut varier selon le type de texte. Mais dans tous les cas, **la conclusion d'un texte argumentatif devra suivre le même mouvement :**

1. **Réalisation de l'objectif :** formuler la solution à un problème, répondre à la problématique posée dans l'introduction, résumer son point de vue, appeler à l'action...
2. **Résumé des arguments principaux :** bien sûr, ce bilan doit rester proportionnel au texte. Dans une thèse de doctorat, cela pourrait prendre plusieurs pages, mais au DALF C1 une ou deux phrases suffiront !
3. **Clôture :** le but est généralement de marquer le lecteur, en posant une question, en prévenant des conséquences si aucune mesure n'est prise ou en envisageant le problème à plus long terme... Toutefois, dans une lettre formelle ou un courrier électronique, ce seront les formules de politesse standards.

Activité 41 - L'ordre d'une conclusion

Dans cette conclusion d'un article de magazine étudiant, les phrases ont été mélangées. Remettez-les dans l'ordre et ajoutez les connecteurs nécessaires.

« J'ai pu apprécier ses aspects novateurs et la liberté qu'il donne. Cette année de cours en ligne me laisse un sentiment mitigé. Si un enseignement ne parvient pas à créer du lien, je m'inquiète pour les conséquences à long terme... Je n'ai pas très bien vécu cette absence de contacts sociaux. »

Activité 42 - Choisir les bonnes formulations

Quelles phrases ne pourraient pas être employées dans la conclusion d'un courrier des lecteurs ? Justifiez votre réponse.

A. En vous remerciant de l'intérêt que vous voudrez bien porter à ma demande,
B. Pour conclure, je suis persuadé qu'un modèle hybride reste la meilleure solution.
C. Je vous remercie de votre attention et vous dis à très bientôt !
D. Bien cordialement,
E. Plus inclusif et plus efficace, il répond mieux aux besoins des étudiants d'aujourd'hui.
F. Plus généralement, il me semble nécessaire de moderniser les modes de formation à l'université.

G. Nous avons vu d'abord que le modèle hybride se montre plus inclusif, car il s'adapte à différents profils.

> **À retenir**
> Cohérence avec l'objectif et adaptation au contexte sont les mots-clés d'une conclusion réussie.

Activité 43 - Production guidée

Rédigez la conclusion de la production guidée. Puis, comparez avec le modèle proposé dans les corrigés.

2.7. Production guidée, étape 2

Nous avons vu les techniques essentielles pour rédiger un essai argumenté. C'est à vous de jouer maintenant !

Activité 44 - Production guidée

Rédigez le texte complet de votre essai argumenté, en 250 mots minimum.

2.8. Point stratégie

Des conseils et des idées d'activités pour une préparation encore plus efficace, en travaillant seul (en solo) ou avec un ami (en tandem).

En solo

A. Faire un bilan. Quel est le vocabulaire indispensable pour argumenter au DALF C1 ? Que savez-vous déjà ? Que vous reste-t-il à apprendre ? Pensez à vérifier vos connaissances avec la liste des fonctions essentielles en annexe. Par ailleurs, « stockez » dans votre mémoire des structures de phrases. Cela vous évitera de passer par votre langue maternelle et de traduire des phrases « mot à mot », ce qui donne souvent des résultats catastrophiques ! Pour enrichir votre vocabulaire, vous trouverez des ressources dans les liens utiles en annexe. Je recommande également mon livre *Les mots pour convaincre* qui regroupe tout le vocabulaire essentiel pour vous faire gagner beaucoup de temps.

B. Lire pour écrire. Plus vous lirez du français, mieux vous écrirez ! Ne perdez pas de temps à lire des exemples de courrier des lecteurs ou de forum sur Internet, car ils ne correspondent pas aux textes qui sont demandés à l'examen. En revanche, vous trouverez dans la presse des modèles intéressants pour l'argumentation. Sélectionnez de préférence des articles où on exprime des opinions, notamment dans les rubriques « idées », « opinions », « débats », « point de vue », « tribune »... De plus, donnez à vos lectures des objectifs précis. Par exemple, relevez les connecteurs ou observez attentivement l'emploi des anaphores. Ce mode de lecture vous aidera à mémoriser les mots que vous connaissez déjà et à en apprendre de nouveaux.

C. Utiliser un dictionnaire bilingue. Lorsque vous écrivez un texte, n'utilisez pas le dictionnaire trop vite. Essayez une première rédaction sans dictionnaire pour ne pas bloquer vos idées. Cherchez vous-même les mots dont vous avez besoin, pour faire travailler votre mémoire. Si vous ne trouvez pas un mot, laissez un point d'interrogation pour le chercher plus tard. Pour l'expression écrite, vous aurez besoin d'un dictionnaire bilingue. Lequel choisir ? 2 critères sont importants : est-ce qu'il indique les catégories grammaticales (nom, adjectif, etc.) ? Est-ce qu'il donne des exemples d'emploi ? Sur Internet, vous trouverez de bons dictionnaires disponibles en plusieurs langues, comme *WordReference*. Pour d'autres exemples, voir les liens utiles en annexe.

En tandem

D. Recoller les phrases. Voici un jeu pour mémoriser les fonctions de l'argumentation. D'abord, préparez 6 morceaux de papier. Ensuite, séparément, un membre rédige des débuts de phrases et l'autre les fins. Par exemple, pour travailler la cause et la conséquence, l'un rédige 3 conséquences (*l'entreprise a dû fermer ses portes*) et l'autre 3 causes (*à cause des intempéries*) en variant les expressions. Puis, au hasard, associez les morceaux de papier pour former des phrases. Vérifiez si la construction est juste et corrigez si nécessaire. Enfin, discutez du sens : est-ce que les phrases sont logiques ?

E. Écrire à 4 mains. À l'examen, de nombreux sujets imposent d'écrire au nom d'un groupe. Vous pourriez peut-être jouer cette situation avec un ami ? Imaginez par exemple : vous travaillez dans une entreprise et avec vos collègues, vous avez décidé d'écrire une lettre pour demander plus d'égalité entre les hommes et les femmes. Préparez toute la lettre ensemble : recherche des idées, préparation du plan et rédaction. Vous verrez qu'en discutant pour justifier vos idées ou pour construire une phrase correcte, vous allez apprendre beaucoup de choses !

Et n'oubliez pas que vous pouvez demander de l'aide dans le groupe Facebook de commun français.

3. Réviser l'essai argumenté

Vous avez rédigé votre essai argumenté ? C'est bien, mais encore un effort ! Comme pour la synthèse, il faut consacrer au moins 5 minutes à la révision du texte, en 2 parties : le contenu d'une part, la forme d'autre part.

Pour vous aider à améliorer vos productions, nous verrons :

1. Comment les correcteurs du DALF C1 évaluent l'essai argumenté : quels critères utilisent-ils ?
2. Comment réviser le contenu du texte : que faut-il vérifier en priorité ?
3. Comment autocorriger les problèmes dans la construction des phrases : quelles sont les erreurs les plus fréquentes ?

Alors, prêt pour l'étape ? Suivez le guide !

3.1. Quels sont les critères d'évaluation ?

Comme pour la synthèse, les examinateurs du DALF notent les productions à partir d'une grille d'évaluation que vous pouvez télécharger sur le site officiel de l'examen (voir les liens utiles en annexe). Toutefois, pour mieux comprendre les critères d'évaluation, les voici sous forme de listes à la fois plus simples et plus détaillées.

La première liste concerne le **contenu** du texte argumentatif. La seconde concerne la **forme**, c'est-à-dire la correction linguistique : orthographe, grammaire et vocabulaire.

Rappelons que l'épreuve de production écrite comprend 2 exercices et qu'elle est notée sur 25 points au total : 13 pour la synthèse, 12 pour l'essai argumenté.

CONTENU DE L'ESSAI ARGUMENTÉ

Respecter la consigne (1 point)

Le candidat...

–   respecte la situation de communication.
–   rédige un texte qui correspond au type demandé.
–   respecte la longueur minimale indiquée, avec une tolérance de 10 %, soit un minimum de 225 mots.

Argumenter (3 points)

Le candidat...

–   exprime clairement son point de vue.
–   présente des faits clairs et précis, tirés de son expérience et de sa réflexion personnelles.
–   développe et illustre des arguments de manière détaillée.
–   adapte son argumentation au contexte et au destinataire.

Rédiger un texte bien structuré (3 points)

Le candidat...

- adopte une mise en page claire et efficace.
- structure son texte à l'aide d'un plan cohérent.
- marque des transitions entre les parties du texte.
- relie les idées par des connecteurs complexes et variés.
- conclut son texte de manière pertinente.
- respecte les règles de ponctuation en usage.

FORME DE L'ESSAI ARGUMENTÉ

Vocabulaire (2,5 points)

Le candidat...

- emploie un vocabulaire très précis en lien avec le thème.
- commet peu d'erreurs, qui ne gênent pas la compréhension.
- emploie des expressions adaptées à son destinataire.
- évite les répétitions de mots.
- respecte l'orthographe d'usage.

Grammaire (2,5 points)

Le candidat...

- ne commet que de rares erreurs de grammaire et de syntaxe.
- maîtrise la construction des phrases complexes.
- varie les structures de ses phrases.

3.2. Réviser le contenu

Commençons par réviser le contenu, car, dans cet exercice, c'est l'efficacité de l'argumentation qui compte le plus.

Nous avons déjà vu avec la synthèse qu'une **liste de vérification** est un bon outil pour relire le contenu le plus objectivement possible, avec des critères précis. Cela nous permettra de repérer rapidement les oublis et les maladresses. Pour créer cette liste de vérification, nous nous servirons des critères d'évaluation de la section précédente, ainsi que de tous les objectifs que nous avons abordés au cours de notre production guidée.

Activité 45 - Liste de vérification d'un essai argumenté

Quels sont les points à contrôler lors de la révision du contenu ? Complétez la liste avec les éléments à vérifier, comme dans les exemples.

Respect de la longueur

— 225 mots minimum

Mise en page

— Paratexte pertinent (titre pour un article, objet pour une lettre, etc.)

— ...

Introduction

— Formule d'appel, si nécessaire (lettre, courrier électronique...)

— ...

Organisation du développement

— Progression logique vers l'objectif

— ...

Conclusion

— Réalisation de l'objectif

— ...

Ponctuation

— Ponctuation d'usage : points finaux, place des virgules, points d'interrogation...

— ...

Activité 46 - Vérifier un exemple de production

Vérifiez cet exemple de courrier des lecteurs selon les critères de notre liste (activité 45). Quels problèmes de contenu pouvez-vous relever ?

Pour un modèle hybride à l'université

Objet : pétition du 28 octobre

Mesdames, Messieurs,

Suite à la pétition, parue dans le numéro du 28 octobre, contre l'enseignement en ligne, je me permets d'écrire au courrier des lecteurs pour exprimer mon désaccord...

Je dois concéder aux auteurs de la pétition que l'enseignement en ligne génère de nombreuses difficultés. En premier lieu, il creuse les inégalités entre les étudiants, car tous ne peuvent pas s'équiper d'un ordinateur leur permettant de suivre les visioconférences, faute de moyens financiers. Par ailleurs, bénéficier d'un espace personnel où travailler en toute tranquillité reste un luxe inaccessible pour beaucoup : difficile alors de suivre un cours au milieu du salon, avec le téléviseur allumé de surcroît !
En second lieu, nous voyons tous dans notre entourage des amis qui décrochent... Comment rester concentré huit heures par jour devant un écran. Les médias ont raison effectivement de nous appeler la « Génération Zoom » ! Quant aux conséquences psychologiques, elles se révèlent parfois dramatiques.

En effet, la réduction des contacts sociaux a fait exploser le nombre de dépressions depuis l'année dernière...

Le modèle hybride, qui alterne cours à distance et en présentiel, se montre inclusif. En effet, il permet d'accueillir les étudiants qui ont déjà une activité professionnelle ou qui se trouvent en situation de handicap. De plus, il offre davantage de flexibilité, puisque les cours peuvent être visionnés où on veut et quand on veut...
Ce modèle hybride est reconnu par ailleurs plus efficace sur le plan pédagogique. En effet, la théorie, dispensée par des modules en ligne, s'assimile plus rapidement ; le présentiel est consacré uniquement à la pratique avec des effectifs réduits. En outre, il permet de développer des compétences désormais indispensables : la réalisation de projets et le travail en équipe préparent mieux l'étudiant à ses futures activités professionnelles.

Cependant pour être réellement efficace, ce modèle hybride devrait être adopté progressivement et rendu accessible à tous. Prenons d'abord le temps de l'expérimenter et de l'améliorer au fur et à mesure, au lieu de le rejeter dès qu'une difficulté survient... D'ailleurs, il n'interviendrait pas dès le début de l'année, mais à partir du second semestre probablement, afin de laisser le temps aux étudiants de bien se connaître. En revanche, ils verraient la fréquence des cours en ligne augmenter progressivement de la première année de licence jusqu'au master, où ils seront devenus plus autonomes.
Enfin, un tel dispositif ne devrait abandonner personne. Mais comment résoudre le problème des inégalités ? D'une part, les étudiants en situation de précarité pourraient bénéficier d'un prêt d'équipement informatique et d'un accès facilité à Internet.

Pour conclure, plus inclusif et plus efficace, le modèle hybride répond mieux aux besoins des étudiants d'aujourd'hui. Toutefois, il faudra prévoir une mise en place progressive qui prenne en compte les difficultés de chacun. Plus généralement, il me semble nécessaire de moderniser les modes de formation à l'université. Cela devient urgent !

Raphaël, L3 Histoire, Université Bordeaux Montaigne

3.3. Corriger ses erreurs

Lorsque le contenu est satisfaisant, nous pouvons passer à la révision de la forme, à savoir le vocabulaire, l'orthographe et la grammaire. Rappelons que pour faciliter la relecture d'un texte, nous avons distingué 2 niveaux : la phrase et le mot. Lors de la production guidée de la synthèse, nous avons travaillé sur les erreurs fréquentes au niveau du mot (voir section *3.3. Corriger ses erreurs*). Passons maintenant au niveau de la phrase.

Alors, quelles sont les erreurs fréquentes dans la construction des phrases ? Lors de la révision d'un texte, nous devrons vérifier en particulier :

– Le respect du registre de langue : attention aux structures de phrases

trop orales. Dans un texte formel, on n'écrira pas « il faudrait faire quoi ? », mais « que faudrait-il faire ? »
- La construction des adjectifs et des verbes avec les bonnes prépositions : accessible *à* quelqu'un, bienveillant *envers* quelqu'un ; compter *sur* quelqu'un, etc.
- Les propositions relatives complexes : auquel, pendant lequel, au cours de laquelle...
- Le choix du mode et du temps des verbes : emplois du conditionnel passé, du futur antérieur, choix de l'indicatif ou du subjonctif selon le sens...

Les activités suivantes permettront un entraînement à l'autocorrection sur 2 points prioritaires.

Activité 47 - Choix du mode et du temps en registre formel

Repérez les erreurs de mode ou de temps des verbes et corrigez-les.

A. Le président de l'université prendra sa décision après que les professeurs auront exprimé leur avis. B. Le taux de redoublement en licence n'a pas beaucoup augmenté l'année dernière, mais on attend encore la confirmation. C. Il est probable que la bibliothèque universitaire reprenne ses activités au trimestre prochain. D. Je regrette que la fermeture soit décidée avant d'avoir consulté les étudiants. E. Il faudrait concevoir un dispositif qui réponde aux difficultés des étudiants précaires. F. Si vous aviez mieux réfléchi aux avantages du modèle hybride, vous n'écririez pas cette pétition. G. Il serait préférable que les examens finaux aient lieu dans les locaux de l'université. H. C'est l'unique solution qui peut satisfaire à la fois les étudiants et les enseignants. I. Une fois que les cours en présentiel reprendront, on ne voudra plus entendre parler des cours en ligne. J. Si ergonomiques qu'elles sont, les plateformes de cours en ligne demandent un temps d'adaptation.

Activité 48 - Les propositions relatives complexes

Cochez la bonne réponse.

A. Vous réclamez une mesure .... je ne peux pas accorder mon soutien.

1. de laquelle
2. sur laquelle
3. à laquelle
4. dont

B. Contrairement aux enseignants, ... les cours en ligne représentent une régression, je considère le modèle hybride comme une solution d'avenir.

1. selon qui
2. auxquels
3. desquels
4. par quoi

C. Mais nous touchons là à un sujet .... les désaccords sont nombreux !

1. duquel
2. sur lequel
3. à quoi
4. grâce auquel

D. Les universités ont dû affronter des difficultés .... elles ne s'attendaient pas du tout.

1. qu'
2. auxquelles
3. dont
4. à cause de quoi

E. Les signataires de la pétition, ... on trouve des syndicats, ne voient qu'un seul aspect du problème.

1. chez quoi
2. de laquelle
3. parmi lesquels
4. avec laquelle

F. Cette nouvelle plateforme, ... les enseignants se déclarent satisfaits, a coûté très cher à l'établissement.

1. dont
2. à laquelle
3. de qui
4. de laquelle

G. Les utilisateurs devront obtenir un mot de passe, ... ils ne pourront pas accéder aux services.

1. grâce auquel
2. pour lequel
3. selon qui
4. faute de quoi

H. Notre association a pu interroger la secrétaire du président, ... n'a pas souhaité nous accorder un entretien.

1. qui
2. lequel
3. à laquelle
4. selon laquelle

3.4. Production guidée, étape 3

Nous avons vu les points essentiels pour réviser un essai argumenté. C'est à vous de jouer maintenant !

Activité 49 – Production guidée

Faites les relectures nécessaires de votre essai argumenté (rédigé à l'activité 44), afin de :

1. Réviser le contenu de votre texte et l'améliorer ;
2. Repérer les erreurs de langue et les corriger.

Puis, consultez le modèle d'essai argumenté dans les corrigés.

3.5. Point stratégie

Des conseils et des idées d'activités pour une préparation encore plus efficace, en travaillant seul (en solo) ou avec un ami (en tandem).

En solo

A. Faire le point en grammaire. Avez-vous le niveau de grammaire suffisant pour le DALF C1 ? Prenez le temps de faire un bilan avant l'examen et fixez-vous des objectifs de travail si nécessaire. Pour connaître les points les plus importants, consultez la grammaire essentielle en annexe. Vous trouverez par ailleurs des activités dans les liens utiles.

B. Créer son guide de relecture. Concernant la forme, que devrez-vous relire en priorité ? Essayez de repérer les erreurs de langue que vous faites le plus souvent. Puis, notez les points précis à vérifier, en les classant précisément pour déterminer un ordre de relecture : choix des prépositions, conjugaison des verbes, accords des adjectifs et des participes passés, etc. Selon vos préférences, vous présenterez votre guide d'autocorrection sous forme d'une liste ou d'une carte conceptuelle.

C. Adopter les bons outils. Il est difficile de réviser soi-même un texte, si l'on n'a pas un professeur pour corriger les erreurs. Cela reste assez simple pour le vocabulaire et la conjugaison, mais c'est beaucoup plus compliqué pour la construction des phrases. Heureusement, il existe sur Internet des outils qui pourront vous assister. *Le rouleau des prépositions* par exemple, permet de vérifier facilement avec quelles prépositions on construit un verbe ou un adjectif. Un autre site, la *Banque de dépannage linguistique* est une énorme base de données capable de répondre à toutes sortes de questions. Tapez par exemple « duquel » et vous obtiendrez des explications détaillées sur ce pronom relatif.

En tandem

D. Prendre la place du destinataire. Voici une activité pour tester la pertinence de vos arguments. Écrivez une lettre dont le destinataire est un directeur (ou un maire, etc.) Demandez à quelqu'un de lire votre lettre et

103

d'imaginer que c'est lui le destinataire. Demandez-lui ses réactions. Attention, précisez bien que c'est un travail sur le contenu, pas sur la grammaire. Voici des exemples de questions pour guider votre discussion : *si tu étais le destinataire de cette lettre, est-ce que tu serais convaincu ? Pourquoi ? Est-ce que mes arguments sont clairement exprimés ? Est-ce que la lecture est aisée ? Est-ce que tu es d'accord avec la solution que je propose ? Quels arguments te semblent convaincants dans cette lettre... ?*

E. Réviser avec un objectif. L'étape de révision d'un texte pose deux difficultés principales. D'une part, il est très difficile de se relire soi-même. D'autre part, cela fait trop de choses à lire en même temps ! Pour contourner ces difficultés, entraînez-vous à réviser les textes d'une autre personne et avec des objectifs précis. Voici comment procéder : commencer par écrire un texte séparément, mais sur le même sujet. Ensuite, échangez les textes et faites plusieurs relectures avec un objectif différent à chaque fois : le choix des modes et des temps verbaux, la ponctuation, etc. Contentez-vous de souligner les erreurs, laissez votre partenaire les corriger lui-même. En vérifiant les productions d'autres personnes, vous apprendrez à être de plus en plus objectif et cela vous aidera pour relire vos propres textes.

Sujets d'entraînement

Dans cette partie, vous pourrez vous entraîner à l'examen avec 6 sujets complets (synthèse et essai). Vous pourrez ensuite consulter pour chaque exercice un exemple de production dans les corrigés.

Sujet 1

Thèmes : média/santé

Exercice 1 : synthèse de documents

Faites une synthèse des documents proposés. 200 à 240 mots

DOCUMENT 1

Les « fake news » peuvent-elles menacer votre santé ?

Les « fake news », que la commission d'enrichissement de la langue propose de renommer « infox » en bon français, font l'objet d'un projet de loi en discussion à l'Assemblée. Mais au-delà du seul domaine politique, ces fausses nouvelles contaminent notre vie quotidienne, en particulier la santé où, à force de brouiller les pistes entre fausses peurs et vrais risques, elles peuvent avoir de graves conséquences.

En anglais, le terme ne désigne pas un article faux, au sens d'inexact, mais plutôt un faux article, une publication qui se fait passer pour un article de presse sans en être un. C'est le moyen préféré des pros de l'intox pour générer des revenus publicitaires, et plus la « fake news » est grossière et alarmiste, plus elle est lue, partagée et rémunératrice. Le site Santéplusmag s'est ainsi fait une spécialité de ces fausses informations suffisamment racoleuses pour doper l'audience. [...]

Les faussaires ont trouvé l'outil idéal de diffusion massive. Conçues pour capter notre attention, des plateformes comme Google, Facebook et Twitter se nourrissent de ces contenus en « prêt à partager » pour créer des communautés en rassemblant des personnes qui ne se reconnaissent plus dans le système. Dans la santé, profitant du climat de défiance qui s'est installé entre le public et le corps médical, de véritables prédateurs manipulent ainsi les plus vulnérables. D'après l'INCa (Institut national du cancer), 60 % des personnes traitées pour un cancer prennent des remèdes naturels en plus de leurs traitements. Et les 10 millions de malades chroniques, qui supportent mal des traitements contraignants à vie, sont des proies de choix pour des recettes alternatives et autres médecines parallèles.

Endiguer ces réseaux dans un système libre et ouvert par définition est illusoire. L'information n'est plus l'apanage des journalistes professionnels. Aujourd'hui, n'importe qui peut produire le contenu qu'il veut et s'arranger pour le faire référencer en tête des moteurs de recherche, loin devant les sites vitrines institutionnels que les internautes ne croiseront jamais en naviguant sur Internet. C'est aux experts et aux autorités sanitaires de s'approprier davantage les outils numériques pour contrer la désinformation en répondant réellement aux peurs et attentes du public. [...]

Nous pouvons tous être manipulés, et les plus éduqués n'échappent pas aux « fake news », au point d'être souvent les premiers à relayer les discours de défiance envers la science. Prenant systématiquement le contre-pied du système, ils soutiennent les lanceurs d'alerte contre les institutions, se mobilisent contre les recommandations sanitaires au nom de leur liberté individuelle en refusant par exemple de se faire vacciner, contestent toute vérité scientifique par relativisme de principe quitte à confondre corrélation et causalité, comme dans le cas du vaccin hépatite B accusé de causer la maladie malgré toutes les études démontrant le contraire. Et de la dérive thérapeutique à la dérive sectaire... sur les 3000 signalements de dérives sectaires enregistrés chaque année par la Miviludes (Mission interministérielle de vigilance et de lutte contre les dérives sectaires), 40 % ont un lien direct avec la santé !

La désinformation a toujours existé ; elle prospère d'autant plus que l'information est un objet de consommation prêt à jeter. La résistance à l'intox exige un effort citoyen pour apprendre à retrouver l'esprit critique à travers la rhétorique et la dialectique. Il est urgent de réhabiliter dès le plus jeune âge l'éducation à ces matières, plus que jamais d'actualité dans cette nouvelle agora qu'est devenu le Web.

Caroline Faillet, Le Figaro Santé, 03/12/2018

DOCUMENT 2

Les fausses informations, un poison viral

[...] « Les producteurs de fausses informations en santé savent jouer sur les codes afin d'envahir les réseaux sociaux, explique Priscille Rivière, responsable communication de l'Institut national de la santé et de la recherche médicale (Inserm). Une blouse blanche, quelques noms en latin, une étude en anglais à brandir comme preuve, une musique entêtante et angoissante, et voilà de quoi faire croire n'importe quoi. »

Les équipes de l'institut travaillent justement à contrer ces formats fabriqués pour tromper. Depuis 2018, avec leur chaîne *Canal Détox* sur YouTube, ils démêlent avec pédagogie le vrai du faux. En tête des sujets infectés, la vaccination, l'alimentation ou encore les médecines alternatives. Le dernier rapport de la Mission interministérielle de vigilance et de lutte contre les dérives sectaires faisait ainsi état de 3 000 médecins aux pratiques thérapeutiques dangereuses.

Parce que l'être humain a, aussi, horreur du vide, quand le sens et les explications n'arrivent pas assez vite, « l'émotion prend le dessus sur la raison et cela dans toutes les catégories socio-professionnelles et quel que soit le niveau d'éducation », renchérit Priscille Rivière. L'incertitude et les zones de gris, propres au temps de la recherche médicale, angoissent. Alors quand on cherche à combler le doute, Internet offre rapidement de quoi nourrir cette faim du pourquoi. Et ce, grâce aux algorithmes, très actifs sur la sphère du *fake*. « Les neurosciences l'ont montré, nos cerveaux sont aux prises avec le biais de confirmation. Quand on veut une réponse, on a tendance à chercher celle qui va conforter notre intuition, notre peur. » Et c'est particulièrement vrai sur les réseaux où l'effet de communauté est puissant, comme Facebook, Instagram et Twitter. Ces réseaux ont d'ailleurs renforcé leurs politiques existantes, qui consistent à retirer les contenus pouvant nuire physiquement au public, des publicités pour des faux remèdes dangereux, par exemple, et à mettre en avant les messages fiables (comme ceux de l'OMS).

Quand le besoin d'infos presse, les professionnels de santé le répètent, les sources sûres à consulter en priorité sont celles du site du ministère de la Santé, ou encore le numéro vert gratuit. Les pages de l'OMS, de Santé publique France, de l'Inserm sont également utiles.

Des réseaux ont aussi décidé de faire le ménage sur leur plateforme. Il y a quelques mois, l'OMS a salué l'initiative du réseau Pinterest qui a programmé son moteur de recherche sur le sujet des vaccins afin de rerouter systématiquement les internautes vers des sites sûrs.

Valérie Parlan, *Ouest-France*, 02/03/2020

Exercice 2 : essai argumenté

Vous êtes membre d'un forum sur la santé et vous y avez remarqué de nombreux messages qui diffusent des fausses informations. Vous écrivez un courrier électronique au responsable pour l'alerter. Vous insistez sur la gravité du problème en exposant notamment les conséquences que cette désinformation pourrait entraîner sur la santé. 250 mots minimum

Sujet 2

Thèmes : tourisme/environnement

Exercice 1 : synthèse de documents

Faites une synthèse des documents proposés. 200 à 240 mots

DOCUMENT 1

Laissez-vous tenter par la micro-aventure

Avez-vous déjà souffert de *flygskam* ? Ce terme suédois, qui signifie « honte de prendre l'avion », décrit un mouvement en plein développement : au nom de la protection de l'environnement et de la lutte contre le bouleversement climatique, de plus en plus de touristes choisissent de ne plus le prendre. Avec la pandémie et la fermeture de certaines frontières, ce phénomène s'accompagne d'une nouvelle tendance : la micro-aventure. Au lieu de passer un mois sur les plages thaïlandaises ou de fêter Noël en famille au Mexique, la micro-aventure consiste à partir le temps d'un week-end ou de quelques jours à peine, dans son pays, voire à deux pas de chez soi, pour vivre une expérience très dépaysante physiquement et mentalement !

Parfois, cela peut même impliquer un vrai dépassement de soi. Il ne s'agit plus de partir loin mais de se rapprocher de soi-même. L'idée n'est pas nouvelle. En France, ceux qui ont déjà cheminé plusieurs jours en autonomie sur les sentiers de grande randonnée, comme le GR 20 en Corse ou le GR 65 vers Saint-Jacques-de-Compostelle, vous assureront qu'il s'agit d'une véritable aventure physique et spirituelle. Mais, depuis quelque temps, on voit fleurir des agences de voyages spécialisées, des blogs et des guides dédiés à la micro-aventure. Si l'objectif est de se détourner du tourisme de masse et de vivre une expérience inédite à deux pas de chez soi, l'organiser soi-même, c'est encore mieux. Créativité et proximité, tels sont les meilleurs ingrédients de la micro-aventure.

Récits sur des blogs dédiés, partages d'itinéraires sur des applis telles que Strava... La micro-aventure, c'est la randonnée de papa version 2.0 ! Un concept qui séduit avant tout les jeunes citadins qui rêvent d'échappées belles en dévorant les récits de Sylvain Tesson ou Mélusine Mallender, et en écoutant les épisodes du podcast *Les Baladeurs*. Certains s'inquiètent déjà des dérives de cette nouvelle tendance. « Qui dit tendance, dit accroissement significatif et marchand, et donc altération de l'authenticité. Parce que l'aventure est un art de vivre, sitôt qu'on la monnaie, la package, la standardise, elle disparaît », déclare ainsi Amélie Deloffre, fondatrice du site *2 jours pour vivre*, qui conseille de répartir les aventures sur tout le territoire et sur toute l'année, de favoriser les petits acteurs locaux, d'aimer la simplicité, de respecter Dame Nature, de se lier avec des inconnus, de privilégier les transports non polluants et de réapprendre à s'enthousiasmer. [...]

Émilie Gillet, *Ça m'intéresse*, 06/03/2021

DOCUMENT 2

La micro-aventure : coup de marketing ou vraie tendance ?

[...] Le concept de micro-aventure est inspiré par les préoccupations écologistes et par les enjeux climatiques qui se reflètent dans les tendances touristiques. On tend en effet à vouloir réduire notre empreinte carbone. La micro-aventure répond aussi au besoin de déconnexion de la technologie, d'un retour à la simplicité et à la nature. Ce concept s'adresse donc particulièrement aux citadins des grandes villes qui souhaitent casser la routine de leurs vies quotidiennes. [...]

La micro-aventure comporte moins de risques. Elle nécessite moins de préparation mentale, physique et financière que l'aventure classique. Sa durée est plus courte et elle se pratique proche du domicile, contrairement à l'aventure de type Jules Verne. La micro-aventure n'en reste pas moins excitante ! Elle procure tout aussi bien des sensations de découverte, de courage, que de fierté. Donc nul besoin de frauder les trains comme Jack London ou de se rendre au pôle nord comme Mike Horn !

La micro-aventure a en commun avec le tourisme de proximité la proximité spatiale et temporelle, la notion de local ainsi que la proximité affective. Elle possède aussi les mêmes opportunités de développement durable que le tourisme de proximité. Cependant, elle a en plus les caractéristiques de la nature et des sensations de l'aventure. [...]

La micro-aventure est une véritable tendance dans les pays occidentaux. Plusieurs groupes Facebook dans ces pays ont pour sujet principal la micro-aventure, plus particulièrement aux États-Unis et au Royaume-Uni. Certaines start-ups se sont lancées dans la micro-aventure comme la start-up française Chilowé créée en 2017. Ferdinand Martinet et Thibaut Labey ont bien l'intention de montrer aux citadins que l'aventure peut se trouver à deux pas chez eux. Et aussi qu'elle est accessible à tous. Leur premier média est une newsletter à la communication décalée (outil de différenciation de la start-up). Face au succès de leurs newsletter, ils décident alors de créer des événements mensuels avec des petits groupes d'aventuriers. Ils publient désormais des guides de micro-aventures autour de grandes villes. [...]

Sur le même principe que Chilowé, *2 jours pour vivre* est une newsletter. Elle propose des idées et des itinéraires pour des micro-aventures. La durée est définie à un weekend. Son petit plus ? Elle donne tous les détails de ces micro-aventures (photos, cartes et conseils). Mais ce n'est pas tout, *2 jours pour vivre* est aussi un incubateur de weekends et de micro-aventures sous forme d'une page Facebook et d'événements. Tout le monde est invité à y participer ! Le but : inciter les gens à devenir créateurs d'aventure plutôt que d'en être consommateur. [...]

La micro-aventure, c'est aussi un outil marketing... Face à la tendance des micro-aventures et à la montée du tourisme d'expérience, certaines compagnies aériennes et structures territoriales n'ont pas tardé à développer des offres de micro-aventures. C'est le cas de la compagnie aérienne low-cost Easyjet. Easyjet a collaboré avec Alastair Humphrey afin de proposer des idées de micro-aventures dans les villes européennes. La compagnie utilise le concept de micro-aventure en outil marketing. Elle présente ainsi les destinations qu'elle dessert d'une manière alternative aux traditionnels city-breaks. Dans les idées de micro-aventures qu'elle propose, EasyJet reste fidèle au concept même de la micro-aventure. Ce n'est cependant pas toujours le cas comme on peut le constater chez MySwitzerland. La compagnie utilise le concept de micro-aventure afin de promouvoir la destination. « 40 kilomètres, 25 ascensions, 10 étapes », « un circuit exigeant, un dénivelé de 3840 mètres à surmonter » ... Tout cela demande de l'expérience, une bonne condition physique et du temps, soit le contraire du principe de la micro-aventure. [...]

Maritza Collin, *MONA, février 2019*

Exercice 2 : essai argumenté

Vous écrivez pour un magazine de tourisme durable un article dans lequel vous critiquez la tendance actuelle des micro-aventures. Vous montrez en particulier que cette forme de tourisme n'est pas aussi écologique qu'elle le prétend. 250 mots minimum

Sujet 3

Thème : sciences

Exercice 1 : synthèse de documents

Faites une synthèse des documents proposés. 200 à 240 mots

DOCUMENT 1

Les robots seront-ils enfin à la hauteur de nos fantasmes ?

Cela fait cent ans qu'on les fantasme, qu'on les imagine dans nos têtes, qu'on les annonce. Cent ans qu'on en a peur aussi. Le concept et le mot robot dateraient de 1921. Le 21 janvier de cette année-là se joue pour la première fois la pièce « RUR » de Karel Capek à Prague. Le titre est l'acronyme de « Rossum's Universal Robots ». La pièce décrit une société où des esclaves se révoltent et détruisent leurs créateurs. C'est, selon Christopher Mims du Wall Street Journal, ce jour-là que sont nés les robots ou, pour être plus précis, l'idée de robot. Pour le meilleur et pour le pire.

En cent ans, soyons honnête, c'est plutôt la déception qui a prédominé sur l'étendue de leurs capacités. À l'image de la voiture autonome (qui n'est pas un robot), annoncée comme imminente depuis 30 ans, la révolution robotique s'est un peu fait attendre. Nous sommes pourtant peut-être au moment précis où l'imaginaire de science-fiction va devenir réalité.

Les robots ont d'abord été de simples transpositions d'actions mécaniques effectuées initialement par des humains, sans véritable cerveau ou logiciel. C'était la première étape, la plus « facile ». Ceux-là ont donc logiquement trouvé leur place dans les usines. C'est General Motors qui a eu en 1961 le premier « robot » sur l'une des chaînes de montage à Detroit. Il reproduisait une seule tâche autant de fois que désiré à la perfection.

Car la définition du robot, c'est ça : « un dispositif mécatronique (alliant mécanique, électronique et informatique) conçu pour accomplir automatiquement des tâches imitant ou reproduisant des actions humaines ». Visuellement, le robot est donc longtemps resté au stade du bras mécanique auquel un ouvrier donnait vie en arrivant le matin à l'usine. Ce stade a perduré, et nous avons petit à petit oublié cette image du robot humanoïde. Cette même image qui était la représentation d'une société déshumanisée pour certains et le futur qui nous tendait les bras pour d'autres. L'entreprise Boston Dynamics a ravivé ces souvenirs en construisant un robot parfaitement humain dans ses mouvements. Souvenez-vous de l'effroi et de la fascination qu'avaient suscités les premiers prototypes de l'entreprise, reproduisant le mouvement de course d'un humain ou le saut d'un chien. Mais donner une apparence humaine au robot n'a pas énormément d'utilité, scientifiquement parlant. Cela flatte l'imaginaire de romancier de science-fiction qui sommeille en chacun de nous, sans le rendre plus efficace. [...]

Mais le tournant, c'est que l'on vend désormais de plus en plus de robots qui ne se contentent pas d'être cantonnés à un rôle précis dans une usine ou un hangar, on les appelle les « robots de service ». Ils font de la livraison, de la désinfection d'hôpitaux ou de la surveillance. En 2019, 173 000 robots de ce type se sont vendus dans le monde. Ces robots de service sont amenés à être parmi nous, à nous croiser, à coexister avec nous. Ils sont dotés de capteurs, des logiciels les plus avancés, ils sont connectés en permanence. Ils sont ceux qui nous ont effrayés ou fait rêver étant gamins. Nous ne les croisons pas encore sur nos trajets quotidiens parce que nous ne vivons pas à San Francisco, sur un campus universitaire américain de pointe ou à Singapour, mais la révolution robotique est enfin en cours. Ils feront bientôt vraiment partie de notre quotidien et pas juste pour aspirer à notre place.

Maxime Samain, L'Écho, 29/01/2021

DOCUMENT 2

Exposition « Robots »

Simples automates ou pseudo-humains ? Les robots n'ont pas cessé d'inspirer l'imaginaire culturel et d'alimenter l'univers de la science-fiction au fil des décennies. Avec sa nouvelle exposition permanente, *Robots*, la Cité des sciences et de l'industrie s'attaque aux idées reçues et aux fantasmes qui accompagnent ces machines. [...] *20 Minutes* a rencontré Pierre Duconseille, le commissaire de cette grande exposition.

Pourquoi une exposition permanente sur les robots ?

La robotique est un sujet de fond. Les robots sont quasiment les mêmes depuis cinquante ans. Ils font simplement plus de choses maintenant. Ils commencent à venir dans nos espaces privés et dans l'espace public. On a rajouté une brique d'intelligence artificielle dans les machines, mais à la base, elles sont toutes les mêmes. Il faut des capteurs, des actionneurs et un programme. C'est ça, un robot. [...]

Qu'en est-il des robots de Boston Dynamics, par exemple ?

[...] Derrière la robotique, il y a beaucoup d'enjeux économiques et il y a beaucoup d'effets d'annonce par rapport aux prouesses des machines. Il est probable que cela fonctionne, mais cela ne fonctionne pas tout le temps. Nous travaillons depuis deux ans sur les robots et on voit le nombre de gens dont on a besoin pour les faire fonctionner. C'est énorme. Et pour les faire fonctionner en autonomie, c'est encore plus compliqué. Il y a toujours des ingénieurs à proximité, bien cachés, qui pilotent la machine ou veillent au grain pour l'arrêter si elle tombe. Ici, on n'idéalise pas la robotique. On relativise ses prouesses, on reste le plus factuel possible. [...]

Pourrait-on voir se généraliser des robots avec lesquels l'humain tisserait un lien affectif, comme au Japon ?

C'est un peu spécifique à la culture japonaise, mais ils en reviennent. En 2015, ils ont lancé un hôtel entièrement tenu par des robots et ils sont en train d'enlever tous les robots à cause des bugs. Ils font peur et ils font n'importe quoi. En matière de robotique de service, on est loin du compte. Il ne faut pas fantasmer, ils ne vont pas nous remplacer demain. Sur les chaînes industrielles, effectivement, ils peuvent nous remplacer parce qu'ils effectuent des tâches répétitives avec une très grande rapidité et sans effort.

Pourquoi les robots font-ils peur ?

Parce qu'on ne les connaît pas, on se raconte des histoires. Parce qu'il y a eu le Golem et *Terminator*... Parce que le robot, c'est un autre sur lequel on charge nos propres fantasmes de disparition. *L'obsolescence de l'homme*, de Günther Anders, en parle bien. Les objets que l'homme invente le fascinent et lui font peur. Une belle voiture, c'est fascinant mais en même temps, on sait qu'elle ne mourra pas. Il y a beaucoup d'irrationnel dans la relation de l'homme aux machines. Il a peur qu'elles le fassent disparaître parce qu'elles peuvent continuer à fonctionner, tandis que lui, non. [...]

Laure Beaudonnet, 20 minutes, 02/04/2019

Exercice 2 : essai argumenté

Faut-il avoir peur des robots ? Vous exprimerez votre opinion personnelle dans un essai clair et bien structuré de 250 mots minimum.

Sujet 4

Thèmes : travail/vie en société

Exercice 1 : synthèse de documents

Faites une synthèse des documents proposés. 200 à 240 mots

DOCUMENT 1

Quête de sens au travail, faut-il forcément se reconvertir ?

La question du sens au travail s'impose comme un thème d'actualité, plus encore dans le contexte de cette crise sanitaire dans laquelle de nombreux actifs s'interrogent sur la suite de leur vie professionnelle. Laurent Polet, Professeur en management à l'École Centrale Supélec, et co-fondateur de Primaveras, spécialisé dans l'accompagnement à la reconversion, témoigne de son expertise et apporte des repères pour aborder sa démarche de quête de sens.

Pouvez-vous définir le sens au travail ?

Il n'existe pas de véritable définition, mais on peut distinguer 2 niveaux. D'une part, le niveau des organisations qui s'intéressent à cette question sous l'angle du bien-être ou de l'ambiance, en termes d'environnement ou de modes de travail, mais aussi plus récemment sous l'angle de l'impact de leurs activités, notamment en réponse aux enjeux écologiques.

D'autre part, il y a le niveau des individus pour lesquels la question relève d'une sensibilité très personnelle, faite de valeurs, ou d'équilibre avec la vie personnelle. Et dans mes interventions, j'explique qu'il est illusoire de chercher une organisation qui proposerait une sorte de cadre ou de réponse idéale au sens au travail, car la quête de sens restera une démarche individuelle que doit mener chacun à son niveau.

Comment percevez-vous cette question de la quête de sens au niveau individuel ?

Je cite souvent l'exemple de ces personnes du secteur social qui sont en souffrance. Elles nous démontrent qu'exercer un métier pour une cause ne suffit pas à se sentir bien dans son travail. La philosophie de Primaveras repose sur le constat que la quête de sens au travail est complexe et personnelle, et qu'elle mérite de développer un vrai discernement sur ses orientations professionnelles. Ainsi, les métiers de la transition sociale et climatique attirent légitimement de plus en plus car les gens se rendent compte qu'ils veulent contribuer directement à ces défis. Mais cela exige pour ces projets professionnels de définir précisément dans quel contexte ils seront déployés et d'être capables de répondre à des questions telles que : avec quel environnement je veux interagir, quelles compétences je veux mobiliser, quelle culture d'entreprise me convient...

Pensez-vous que ce soit un problème de « riche » ?

Ceux qui exercent des métiers ingrats ou éprouvants pourraient considérer que c'est un caprice. Mais je pense que le sujet concerne tout le monde, il devient un marqueur des mutations de notre monde du travail, et concerne également les questions de respect de la personne comme des conditions de travail décentes.

Pour les cadres, nous savons que la pression des résultats, les rythmes de travail intenses, ou le poids des process sont une réalité. Aussi, quand ces derniers ne comprennent plus leur utilité dans leur quotidien, se poser la question du sens de son travail n'est pas un luxe, mais devient vraiment une nécessité. Personnellement, je pense que c'est aussi un enjeu pour notre société.

La reconversion est-elle donc une réponse possible ?

Quand elle signifie de tout plaquer sur un coup de tête, elle présente un risque. La reconversion n'est pas une fin en soi. Ce qui compte c'est de se poser les bonnes questions, d'être clair sur ce qu'on veut vraiment, pour prendre des décisions qui seront durables. Il est possible que la décision soit d'opérer une mobilité interne ou un repositionnement dans sa recherche d'emploi, sans faire le grand saut de la bifurcation radicale. Il serait donc dommage de changer de métier pour constater après un an qu'on s'est trompé !

Ce qui est certain, c'est que les études supérieures ne nous préparent pas à faire cette démarche, elles peuvent même nous enfermer dans une voie toute tracée par les diplômes. [...]

Nouvelle vie professionnelle, 16/03/2021

DOCUMENT 2

En quête de sens, des jeunes diplômés français plaquent tout pour devenir artisan

Encore quelques coups de lime et l'épaisse planche à cuisiner en bois massif sera fin prête : dans son petit atelier parisien, Morgane Ricada ne regrette en rien son ancien emploi « superficiel » de chargée de communication. Devenue ébéniste, la jeune femme aux lunettes marrons à écailles s'active, entourée de ses créations, pour honorer ses nombreuses commandes. Sur les étagères s'amoncellent pêle-mêle ustensiles de cuisine, plateaux et objets de décoration. Un décor bien différent de son ancien bureau quitté fin 2014.

« Avant, mon métier c'était principalement des mails et des coups de téléphone. Je rencontrais des gens mais c'était quand même très superficiel. Je me disais parfois « c'est très bien comme métier, mais ça m'apporte quoi personnellement ? » Aujourd'hui, je me sens à ma place », analyse la créatrice de 30 ans originaire de l'Aisne, dans le nord-est de la France. Une analyse partagée par un nombre croissant de jeunes Français. [...]

« Ce n'est pas facile tous les jours et je n'ai pas envie de renvoyer cette image qu'il faut lâcher son job et se lancer à corps perdu dans une activité sans se poser les bonnes questions, mais moi je ne regrette pas du tout mon choix. »

Ces reconversions parfois radicales font régulièrement la Une des magazines. De plus en plus de jeunes diplômés n'hésitent plus à renoncer à une carrière toute tracée pour un métier manuel moins bien payé mais plus épanouissant. Selon une étude de l'Institut supérieur des métiers parue en 2013, 26 % des nouveaux chefs d'entreprises artisanales étaient diplômés du supérieur en 2010, contre 15 % en 2006.

« Les métiers sont devenus très spécialisés, la division du travail est de plus en plus poussée et beaucoup de gens ont l'impression qu'ils ne servent à rien », analyse Jean-Laurent Cassely, auteur d'un essai consacré au phénomène. Dans *La révolte des premiers de la classe* paru en mai dernier, le journaliste dissèque les évolutions d'un monde du travail chahuté par « une transformation numérique très rapide de l'économie », où de « plus en plus de gens se retrouvent derrière un ordinateur à gérer des projets virtuels ». Par contraste, dans les métiers de l'artisanat « on voit immédiatement ce qui sort de son travail ».

Dans un pays où rester dans la même entreprise toute sa carrière a longtemps été perçu comme une réussite, les mentalités évoluent. Ainsi, 85 % des Français jugent qu'il est bon de changer de métier, selon un sondage Odoxa réalisé en juin. [...]

La Croix, 16/03/2018

Exercice 2 : essai argumenté

Vous avez lu dans un magazine un article sur les reconversions des travailleurs intellectuels dans l'artisanat. Selon son auteur, il s'agit d'une mode ridicule qui devrait passer rapidement. Vous écrivez au courrier des lecteurs pour exprimer votre point de vue. 250 mots minimum

Sujet 5

Thèmes : alimentation/environnement

Exercice 1 : synthèse de documents

Faites une synthèse des documents proposés. 200 à 240 mots

DOCUMENT 1

Polémique à la cantine : « En France, la viande représente le bien-manger » explique une sociologue

[...] *La municipalité écologiste de Lyon propose un « menu unique sans viande » dans ses cantines scolaires pour des raisons sanitaires, choix ayant provoqué la colère d'une partie du gouvernement. Mais pourquoi autant de crispations ? Explications par la sociologue Laurence Tibère.*

Pourquoi la viande se retrouve-t-elle au cœur des débats ces derniers jours ?

Je pense que le maire de Lyon n'avait pas prévu de telles réactions de toutes parts : les parents, les agriculteurs, les politiques... C'est évidemment une guerre politique, mais pas seulement. La viande a un statut symbolique extrêmement puissant dans la culture alimentaire en France, notamment dans les milieux sociaux (classe moyenne et populaire) dont sont issus les enfants inscrits à la cantine. Pour ces parents, il est important que leurs enfants mangent de la viande quotidiennement.

En France, la viande représente le bien-manger. Pour beaucoup, un bon repas, c'est un repas avec de la viande et parfois même deux fois par jour. Ils ont une représentation, un rapport positif et valorisant à la viande. Quand il s'agit d'enfants, cette tendance s'accentue. Dans les représentations sociales, on considère que pour qu'un enfant grandisse, pour qu'il ait de bons muscles et soit en bonne santé, il doit manger de la viande. De nombreux Français pensent que ne pas manger de viande risque de contrecarrer une croissance normale, mais aussi d'altérer le plaisir alimentaire.

Dans la société française, le rapport à la viande n'est-il pas en train d'évoluer ?

Il est en train de se modifier légèrement, notamment dans certaines catégories sociales, comme les milieux aisés, et chez les jeunes toutes classes confondues. Non pas qu'ils dévalorisent la viande, mais ils considèrent que leur consommation de viande doit être moins quantitative et plus qualitative. Ils ne souhaitent plus en manger tous les jours et veulent connaître la provenance de leurs produits, consommer plus local, moins industriel. D'abord pour des raisons de santé, puis parce que leur sensibilité environnementale s'accroît. Mais aussi, parce que ces classes aisées cherchent à se distinguer. C'est une mécanique sociale qui a toujours fonctionné. La viande s'étant démocratisée, ces dernières cherchent à se démarquer en remplaçant la viande par d'autres aliments tout aussi nobles comme les légumineuses.

Dans les classes moyennes et populaires, en revanche, la consommation de viande continue d'être valorisée. Elles préfèrent consommer de la viande, même si elle est de moins bonne qualité. Mais comme l'une des autres mécaniques sociales, c'est le phénomène d'imitation, il est probable que dans quelques années les classes moins favorisées se mettent, elles aussi, à consommer moins de viande. En attendant, la France est un pays où la consommation de viande reste élevée. Alors qu'un recul de la consommation de viande rouge a été observée après la crise de la vache folle en 1996, d'autres viandes ont pris le relais. Aujourd'hui, même en temps de crise sanitaire et environnementale, la viande reste un produit valorisé.

La consommation de viande a-t-elle toujours été un marqueur social ?

Oui, mais la tendance s'est inversée. Jusqu'au début des années 80, la viande était un aliment associé à l'aisance sociale, consommé majoritairement par les plus riches. Quand on mangeait de la viande, surtout de la viande rouge et plusieurs fois par jour, c'était très valorisé. C'était un symbole d'opulence. Dans les milieux ouvriers aussi, la viande était valorisée, notamment comme symbole de force. Mais ils n'y avaient pas accès aussi fréquemment que les milieux aisés. Les moins favorisés mangeaient davantage de porc, au détriment du bœuf et du veau, lors de moments particuliers comme le dimanche.

Léa Lucas, *LCI*, 23/02/2021

DOCUMENT 2

Pour la santé et l'environnement, les Français prêts à moins manger de viande

Manger moins de viande, mais de meilleure qualité. Alors que la polémique sur les menus végétariens dans les cantines scolaires de Lyon se dégonfle, c'est l'aspiration qui ressort d'une enquête Harris Interactive commandée par le Réseau Action Climat (RAC), rendue publique jeudi 25 février. Selon ce sondage, les Français consomment de moins en moins de viande et se soucient de plus en plus de sa provenance et de sa qualité.

Si 96 % des personnes sondées déclarent manger de la viande au moins de temps en temps, elles ne sont qu'une sur trois à en manger tous les jours — principalement les plus jeunes (18-24 ans), les personnes issues des classes populaires et les personnes vivant en province. Surtout, près de la moitié des enquêtés (48 %) déclarent avoir diminué leur consommation de viande au cours des trois dernières années. Ce pourcentage confirme une tendance de plus long terme, puisque la consommation de produits carnés avait déjà diminué de 12 % entre 2007 et 2016, selon le Centre de recherche pour l'étude et l'observation des conditions de vie (Crédoc).

Et la quantité de steak dans les assiettes pourrait encore se réduire : si 60 % des répondants disent que leur régime leur convient, « une personne sur deux ayant déjà réduit sa consommation de viande a l'intention de poursuivre sur cette voie, principalement chez les jeunes, les urbains et les CSP Plus (catégories socioprofessionnelles supérieures) », a indiqué Pierre-Hadrien Bartoli, directeur des études politiques chez Harris Interactive, lors d'une conférence de presse organisée par le RAC le 25 février. Parmi les raisons invoquées pour justifier cette baisse, la santé (pour 43 % des répondants), la nécessité de faire des économies (33 %) mais aussi un souci de bien-être animal (36 %) et de protection de l'environnement (33 %) « principalement chez les plus jeunes », précise M. Bartoli.

Alors, bientôt tous végétariens ? Pas tout à fait. Car une part non négligeable des personnes interrogées ont bien l'intention de réinvestir l'argent économisé dans de la nourriture (pour 42 % des répondants) et en particulier de la viande (32 %) de meilleure qualité : d'origine locale ou tout du moins française — premier critère de sélection —, issue d'un élevage respectueux du bien-être animal et ayant un bon goût. « Ces critères ne sont pas une simple préférence, observe M. Bartoli. S'ils ne sont pas réunis, la personne peut renoncer à son achat. Ainsi, si 69 % des Français ont déjà renoncé à un achat à cause du prix, ils sont 59 % à avoir reculé car ils ne trouvaient pas de viande de provenance française. » […]

Émilie Massemin, *Reporterre*, 02/03/2021

Exercice 2 : essai argumenté

Le maire de votre commune a décidé d'imposer un menu végétarien unique dans les cantines scolaires. Vous écrivez une lettre ouverte pour présenter votre point de vue de manière argumentée. Vous exposez notamment les conséquences d'une position aussi radicale. 250 mots minimum

Sujet 6

Thème : numérique

Exercice 1 : synthèse de documents

Faites une synthèse des documents proposés. 200 à 240 mots

DOCUMENT 1

Peut-on vraiment interdire l'anonymat sur les réseaux sociaux ?

« On doit aller vers une levée progressive de toute forme d'anonymat. » Voilà ce que souhaitait Emmanuel Macron lors d'un débat à Souillac, le 18 janvier dernier. Plus prudent, le secrétaire d'État au Numérique Mounir Mahjoubi, qui a présenté ce jeudi son plan pour lutter contre le harcèlement en ligne, a évoqué sur France Inter « des usages sur lesquels on ne peut plus fonctionner avec l'anonymat ».

L'anonymat sur Internet, c'est quoi ?

En réalité, pas grand monde n'est véritablement anonyme sur les réseaux sociaux. « Il existe des dispositifs qui permettent un anonymat quasiment absolu, comme des réseaux chiffrés (VPN, TOR) ou des services d'anonymisation en ligne, mais ça ne concerne qu'une petite minorité de personnes », nous indique Tristan Mendès France, enseignant au CELSA et spécialiste du numérique. En réalité, on parle surtout de « pseudonymat », à savoir se dissimuler derrière un nom de code ou un pseudo pour s'exprimer. En clair, on s'inscrit avec son e-mail et on peut donc être identifié et retrouvé par la plateforme, mais on se manifeste ensuite publiquement sous un nom d'emprunt.

Comment le gouvernement compte-t-il lutter contre ?

Concernant l'anonymat (et par extension le pseudonymat) en ligne, Mounir Mahjoubi souhaite l'interdire pour certains usages, citant par exemple les cagnottes ou les pétitions en ligne. « C'est une piste intéressante mais le problème est que ça risque d'exclure les personnes qui ne veulent pas être identifiées en signant une pétition ou en faisant un don », met en garde Tristan Mendès France. Ainsi, tout le monde n'a pas forcément envie de rendre public sa signature contre la hausse des prix du carburant ou sa participation à la cagnotte en faveur des policiers.

Pour le reste, et notamment l'utilisation des réseaux sociaux classiques (Twitter, Facebook etc.), le gouvernement souhaite pouvoir retrouver beaucoup plus rapidement les auteurs qui se dissimulent derrière un pseudo. Autrement dit, « accélérer la levée de l'anonymat », dixit Mounir Mahjoubi. Notamment en contraignant les plateformes à réagir plus rapidement.

Un internaute peut déjà le plus souvent être identifié par la justice via son adresse IP ou via les traces laissées sur Internet. « Mais il y a un problème de moyens et de formation des forces de l'ordre qui sont insuffisants pour lutter efficacement », pointe auprès du Parisien l'avocat Eric Morain, qui a notamment défendu la journaliste Nadia Daam. [...]

L'anonymat sur Internet est-il forcément une mauvaise chose ?

Tout dépend des motivations. Les individus qui ont des visées malsaines et veulent insulter ou harceler d'autres personnes, sont évidemment dans la ligne de mire du gouvernement. Mais l'anonymat peut aussi servir à se protéger de harcèlement. L'une des victimes de la « Ligue du LOL », Daria Marx (un pseudonyme), expliquait ainsi que ses harceleurs « sont la cause de [son] pseudonymat ». « Quand Daria Marx était menacée de mort, je pouvais me dire que ce n'était pas moi. Je pouvais me détacher du personnage virtuel malmené. Cela m'a sauvé bien des fois », a-t-elle écrit dimanche sur son blog. [...]

Nicolas Berrod, *Le Parisien*, 15/02/2019

DOCUMENT 2

L'anonymat sur Internet, de la poudre aux yeux ?

Dans le cadre d'une utilisation traditionnelle et quotidienne d'Internet (excluant donc les hackers et autres spécialistes), il est intéressant de constater que l'anonymat n'existe pas vraiment. Les technologies actuelles permettent en effet de tracer le passage de tout le monde, notamment avec les fameux cookies. De plus, paradoxalement, nous sommes plus que jamais présents sur les réseaux sociaux. Il y a donc une tension entre la volonté d'être visible sur les différentes plateformes numériques et celle de devenir anonyme lorsqu'on le choisit. La plupart des défenseurs de l'anonymat affirment que la protection de la vie privée passe avant tout, surtout maintenant que le Règlement général sur la protection des données (RGPD) est installé et contrôle nos données personnelles. Or, en pratique, les utilisateurs ont une attente trop élevée de ce droit à la vie privée qui est en fait très limité. [...]

Certains diront qu'il ne sert à rien de s'abriter derrière un pseudo, qu'il faut assumer ses opinions et prendre ses responsabilités. En réalité, ces personnes qui véhiculent des propos haineux à tout-va ne se cachent pas du tout et parlent au nom de leur véritable identité. Même dans la société physique, notamment avec la montée des mouvements populistes, la haine de l'autre s'est banalisée et les individus ne se gênent donc pas pour donner leur avis en toute transparence. Au contraire, celui qui voudrait passer pour anonyme ferait comprendre qu'il ne veut pas être identifié et qu'il n'est donc pas si convaincu de la validité de ses opinions. Qu'il s'agisse de groupes Facebook dédiés ou de sites web, les gens se retrouvent dans une sorte de bulle et n'ont plus conscience de la portée de leurs écrits à cause de l'aspect communautaire d'Internet, autrement appelé « illusion groupale » : tout le monde développe les mêmes propos, défend les mêmes convictions, donc tout semble normal dans le meilleur des mondes. Finalement, la question n'est pas de savoir qui *ils* sont, mais comment les bannir.

L'objectif est désormais de développer des attitudes positives par rapport au web et cela passe en grande partie par l'éducation : éducation aux médias, éducation au civisme et à la citoyenneté et surtout éducation permanente, tout au long de la vie. Les utilisateurs peuvent ainsi se renseigner, discuter avec leurs proches ou des associations spécialisées pour tenter de faire le tri dans les nombreuses fake news ou de se défendre en cas de problème. Il existe par exemple des lois condamnant les propos haineux, mais il s'agirait également de mieux informer au sujet de ces lois puisqu'en définitive, il n'y a que très peu de réelles actions intentées en justice. L'éducation est donc primordiale chez les enfants, dans les écoles et pour les adultes.

Florence Clément, *RTBF*, 27/03/2019

Exercice 2 : essai argumenté

Vous êtes membre d'un forum sur Internet et le modérateur a publié le message suivant :

« Face à l'augmentation inquiétante des cas de harcèlement, j'envisage de mettre fin à l'anonymat dans notre forum. Qu'en pensez-vous ? »

Vous contribuez au débat en exposant votre opinion personnelle illustrée d'exemples, dans un texte clair et bien structuré. 250 mots minimum

Corrigés

Production guidée 1 : la synthèse

Activité 1

A. Faux ; B. Faux ; C. Vrai ; D. Vrai ; E. Faux ; F. Faux (est autorisée la reprise de quelques mots-clés indispensables.)

Activité 2

C et D. La problématique est différente du problème évoqué par les documents. Elle est nécessaire pour éviter de faire 2 résumés sans relation. Elle permet également d'assurer la cohérence générale du plan : toutes les idées et informations doivent contribuer à répondre à la problématique.

Activité 3

A. L'enseignement à distance dans l'enseignement supérieur, notamment en France, et dans les écoles, en particulier aux Émirats arabes unis. La pandémie de covid-19 a obligé le monde de l'éducation à adopter ou renforcer des modes de formation en ligne (par Internet).

B. Document 1 : *Le Parisien Étudiant* du 6/10/2020. Document 2 : *Euronews*, 23/10/2020. L'identité des auteurs n'apportent pas d'information particulière. Remarquons que les 2 documents datent de la même période.

C. Document 1 : « La rentrée a tout d'explosif. La recrudescence du virus... ». Document 2 : « la plupart des élèves sont revenus en classe à la rentrée. »

Il s'agit donc de la rentrée de 2020, qui a coïncidé avec une reprise du virus, la *deuxième vague* de la pandémie. Pour les 2 articles, les auteurs sont allés recueillir des témoignages, ce qui explique les nombreuses citations.

D. Les 2 articles sont plutôt informatifs, car les auteurs ne s'impliquent pas personnellement. Il s'agit de recueillir des opinions pour faire un premier bilan sur l'enseignement en ligne depuis la rentrée. On y découvre les avantages et les inconvénients de différents modes de formation. D'après les témoignages, c'est un mode hybride, alternant cours en ligne et cours en classe, qui semble s'imposer.

E. Exemple de problématique possible : *L'enseignement à distance est-il une solution durable ?*

Activité 4

A. Idée essentielle du paragraphe : « un sujet est sur toutes les lèvres : l'enseignement en ligne. » Autrement dit, tout le monde parle de ce sujet.

Idée secondaire 1 : « La recrudescence du virus »

Idée secondaire 2 : « des clusters et pour certains établissements, des fermetures »

Exemples : « Sciences-Po Reims et Lille, universités de Poitiers, Bordeaux, Nice, Aix-Marseille, etc. »

B. Il s'agit d'un paragraphe introductif. Il annonce le sujet de l'article : le développement de l'enseignement en ligne dans l'enseignement supérieur en France.

C. Les idées secondaires servent à introduire le contexte, en particulier les causes : ce sont la reprise du virus, l'apparition de foyers d'infection (clusters) et les fermetures de certaines écoles qui rendent nécessaire l'enseignement à distance.

Activité 5

A. Faux. L'exercice de synthèse demande beaucoup d'objectivité. L'opinion personnelle du lecteur ne doit pas intervenir. Il faut rester attentif à la cohérence d'un texte et à son déroulement logique.

B. Vrai. Si on supprime une idée essentielle, le texte devient plus difficile à comprendre.

C. Vrai. Une idée essentielle est une partie d'un développement général. Chaque idée essentielle est un élément nouveau. Par exemple, après l'explication des causes d'un problème, l'auteur expose une solution.

D. Vrai. C'est une règle générale, très respectée par les journalistes notamment. Mais , on peut rencontrer des exceptions.

E. Vrai. La synthèse doit reprendre toutes les idées essentielles contenues dans les documents, mais une seule fois. Autrement dit, si les 2 documents exposent une même idée — comme c'est souvent le cas naturellement — il ne faut pas la mettre 2 fois dans la synthèse.

F. Faux. C'est souvent le cas, mais il existe d'autre manière d'organiser un paragraphe, comme le montre l'exemple de l'activité 4. Voir section *1.2.2. Comment repérer les idées essentielles ?*

G. Vrai. C'est exactement son rôle. Par exemple, elle peut consister à défendre un argument ou à apporter des faits complémentaires, comme les circonstances d'un événement, etc.

H. Faux. On ne reprend jamais directement des exemples dans une synthèse, puisque l'objectif de cet exercice est justement de *contracter* (réduire le volume) les textes en supprimant les éléments qui ne sont pas indispensables.

Activité 6

Paragraphe 1 : enseignement en ligne généralisé à la rentrée

Paragraphe 2 : enseignement en ligne devenu indispensable

Paragraphe 3 : nécessité réorganiser cours

Paragraphe 4 : modèle hybride et flexible devenu nécessaire

Paragraphe 5 : enseignement entièrement en ligne pas solution parfaite

Paragraphe 6 : présentiel indispensable pour pratique

Paragraphe 7 : pandémie avait entraîné fermeture plupart établissements universitaires

Vos notes peuvent être différentes, mais vous devez avoir retrouvé la progression générale du texte : la nouvelle importance de l'enseignement en ligne due à la situation sanitaire (paragraphes 1, 2 et 7) + la nécessité d'adopter un modèle hybride (paragraphes 3 et 4) + car les cours en classe restent indispensables, en particulier pour les enseignements pratiques (paragraphes 5 et 6).

Activité 7

A. L'encadrement, que l'on retrouve dans 4 paragraphes sur 6 : 2, 3, 4 et 5.

B. Le document 2 comprend 6 paragraphes :

- Développement : 2, 3, 5
- Encadrement : 1, 4, 6

Activité 8

Paragraphes 2 et 3 : l'idée essentielle et les idées secondaires sont toutes exprimées par des citations de personnes interrogées par le journaliste.

Paragraphe 5 : l'idée essentielle est d'abord exposée directement. Puis, elle est développée indirectement par des citations qui servent d'exemples ou de contre-exemples.

Activité 9

Document 1

P1 : **enseignement en ligne** généralisé (IE) : rentrée avec reprise pandémie + établissements risquent fermeture

P2 : **enseignement en ligne** devenu indispensable (IE) : pas nouveau + mais protocole sanitaire imposé

Remarque : la distanciation physique, la présence alternée des étudiants, mais aussi le port du masque font partie de ce que l'on appelle un « protocole sanitaire » destiné à limiter la propagation du virus.

P3 : nécessité réorganiser cours (IE) : adoption généralisée mode **hybride**, souvent 50 % présentiel + établissements s'efforcent bien répartir **théorie en ligne/pratique** en présentiel

P4 : modèle **hybride** et flexible devenu nécessaire (IE) : déjà proposé avant + devenu indispensable pour étudiants étrangers bloqués chez eux

P5 : **enseignement en ligne** pas solution parfaite (IE) : a permis continuité pédagogique + efficace pour les sciences + mais pas pour matières où **présence** indispensable

P6 : présentiel indispensable pour **pratique** (IE) : étudiants exigent **présence**

P7 : pandémie avait entraîné fermeture plupart établissements universitaires

Remarque : ce chiffre est intéressant, car il donne une signification plus générale à l'article. Les établissements français sont un exemple d'un phénomène mondial.

Document 2

P1 : **pandémie** entraîne généralisation enseignement à distance (IE) : pas nouveau + rentrée hybride pour élèves (Dubaï)

Remarque : l'auteur de l'article écrit « notamment aux Émirats arabes unis » pour bien montrer que ce pays sert d'exemple pour décrire une situation générale. Dans la synthèse, il faudra alors reformuler les idées du texte dans un sens général. La mention de Dubaï n'est pas nécessaire.

P2 : depuis début pandémie, a exigé apprentissage professeurs (IE) : ont souffert manque de **présence** + mais découvert avantages technologie

P3 : **enseignement en ligne** pas solution parfaite (IE) : manque efficacité + exige recherches et échange d'expériences

P4 : enseignement **hybride** prouvé performant (IE) + vecteur innovations pédagogiques et technologiques

P5 : **enseignement à distance** inquiète nombreux élèves (IE) : sécurité, confort et diminution du stress appréciés + mais manque interactions avec élèves et professeurs

P6 : approche hybride avenir éducation (IE) : mais **enseignement tout en ligne** bonne solution pour compétences professionnelles

Activité 10

Chaque document expose un cas exemplaire d'une situation plus générale, qui est celle de l'adoption de l'enseignement en ligne en réponse à la pandémie de covid-19. Le premier article évoque l'enseignement supérieur (étudiants) en France, le second l'enseignement secondaire (élèves) à Dubaï. Les deux ont une opinion générale commune : ils pointent les défauts de l'enseignement en ligne et donnent l'avantage au modèle hybride.

Activité 11

A. Les idées essentielles qui se répètent dans les 2 documents sont :

— Les idées 1.1 (document 1, paragraphe 1), 1.2 et 2.1, qui traitent de la généralisation de l'enseignement en ligne.

— Les idées 1.5 et 2.3 : l'enseignement en ligne n'est pas une solution parfaite.

— Les idées 1.4, 2.4 et 2.6 : le modèle hybride est meilleur.

Ces idées essentielles prennent donc plus de poids que les autres pour la synthèse. Elles vont servir à structurer le plan.

B. Les 3 axes que l'on peut en déduire pour le plan sont donc :

— Généralisation de l'enseignement en ligne due à la pandémie

— Imperfections de l'enseignement en ligne

— Modèle hybride comme solution d'avenir

C. Les idées 1.3 et 2.2 se complètent, car elles présentent des conséquences de l'enseignement en ligne pour les établissements de formation : les cours ont dû être réorganisés et les professeurs ont dû apprendre une nouvelle manière d'enseigner. Les idées 1.6 et 2.5 se complètent également. Elles exposent les inconvénients de l'enseignement en ligne pour les élèves et étudiants : peu adapté à la pratique et souvent déstabilisant.

D. Les idées 1.3 et 2.2 peuvent être rattachées à l'axe « généralisation de l'enseignement en ligne ». Les idées 1.6 et 2.5 à l'axe « imperfections de l'enseignement en ligne ».

E. Notre problématique est confirmée : *l'enseignement en ligne est-il une solution durable ?* On voit que les 3 axes ci-dessus permettront bien de répondre à la problématique sans risque de hors-sujet.

Activité 12

A. Vrai. Le plan doit être organisé pour répondre progressivement à la problématique posée dans l'introduction. C'est le meilleur moyen d'éviter les incohérences et les hors-sujet.

B. Vrai. Toutefois, selon les cas il est possible d'abandonner une idée secondaire si elle apparaît inutile dans le plan final.

C. Faux. Le plan doit regrouper les idées des documents selon leurs convergences et leurs divergences.

D. Vrai. L'équilibre est une règle générale pour tout type de plan.

E. Faux. Chaque partie doit également être équilibrée en comportant 2 ou 3 paragraphes.

F. Faux. Un plan de synthèse ne doit jamais comporter de répétition.

Activité 13

Les plans acceptables sont les plans B et D. Ce sont des plans qui s'inspirent du plan dialectique en 2 parties (pour ou contre) ou 3 parties (thèse-antithèse-synthèse), convenant bien à notre problématique : *L'enseignement à distance est-il une solution durable ?*

Le plan A sépare le contenu des 2 documents, ce qui est strictement interdit. Le plan C est bien un plan de type dialectique, mais la progression des parties n'est pas logique : puisque les documents montrent les inconvénients de l'enseignement en ligne et expriment une préférence pour le modèle hybride, il convient donc d'adopter un ordre inverse des parties afin de placer les idées les plus importantes à la fin. Le plan E introduit des informations personnelles (« dans mon pays »), ce qui est strictement interdit dans une synthèse. Enfin, le plan F ne respecte pas les règles de la synthèse, puisqu'il introduit du contenu (la visioconférence) qui ne se trouve pas dans les documents sources.

Activité 14

I. Enseignement en ligne généralisé

1. Enseignement en ligne pas nouveau, mais situation sanitaire impose généralisation

a. Pandémie avait entraîné fermeture plupart établissements universitaires

b. Rentrée avec reprise pandémie : établissements risquent fermeture

2. Nécessité de réorganiser les cours

a. Depuis début pandémie, apprentissage professeurs nécessaire pour s'adapter au manque de présence

b. Nouveau protocole sanitaire : généralisation mode hybride, souvent 50 % présentiel

c. Établissements s'efforcent bien répartir théorie en ligne/pratique en présentiel

Activité 15

Voici une proposition de plan détaillé :

Problématique : l'enseignement en ligne est-il une solution durable ?

I. Enseignement en ligne généralisé

1. Enseignement en ligne pas nouveau, mais situation sanitaire impose généralisation

a. Pandémie avait entraîné fermeture plupart établissements universitaires

b. Rentrée avec reprise pandémie : établissements risquent fermeture

2. Nécessité de réorganiser les cours

a. Depuis début pandémie, apprentissage professeurs nécessaire pour s'adapter au manque de présence

b. Protocole sanitaire : généralisation mode hybride, 50 % présentiel

c. Établissements s'efforcent bien répartir théorie en ligne/pratique en présentiel

II. L'enseignement en ligne n'est pas une solution parfaite

1. Même si certains avantages

a. A permis continuité pédagogique

b. Certains professeurs découvrent avantages technologies en classe

c. Sécurité, confort et diminution du stress chez certains élèves

2. Inconvénients enseignement en ligne

a. Enseignement en ligne inquiète nombreux élèves : manque d'interactions professeurs-élèves et entre eux.

b. Manque d'efficacité : si efficace pour sciences, pas pour matières où présence indispensable. Demande encore recherches pour s'améliorer

III. Une solution durable : le modèle hybride

1. Modèle nécessaire pour certains publics

a. Étudiants étrangers bloqués dans leurs pays

b. Même si enseignement en ligne bonne solution pour certaines compétences professionnelles, beaucoup d'étudiants réclament présence pour formations pratiques

2. Avenir de l'éducation

a. Efficacité pédagogique prouvée + bonne répartition théorie et pratique

b. Vecteur d'innovations pédagogiques et technologiques

Activité 16

A. Vrai. L'usage de tout dictionnaire est interdit.

B. Faux. La disposition des paragraphes doit faciliter la lecture en mettant en évidence le plan et la progression des idées.

C. Faux. Le titre est généralement possible, rarement obligatoire. Dans tous les cas, lisez bien la consigne. Tous les mots seront compris dans le compte total.

D. Vrai. Une synthèse doit obligatoirement commencer par une introduction qui permet d'en connaître le sujet et l'intention.

E. Faux. La rédaction d'une synthèse doit être objective et impersonnelle. L'emploi des premières personnes peut donner l'impression d'une expression personnelle. Il est donc recommandé de rédiger entièrement à la troisième personne.

F. Faux. Dans une synthèse, on expose les faits et les opinions en utilisant un présent de généralité. Cependant, si un document relate un fait antérieur important pour la compréhension des idées (par exemple les causes d'une situation actuelle), on pourra le rapporter au passé.

G. Faux. Il est interdit de citer les documents, avec ou sans guillemets.

H. Faux. La conclusion n'est pas obligatoire. Elle est même déconseillée, si elle répète inutilement les idées essentielles.

I. Vrai. La règle actuelle n'autorise pas une marge de 10 %. Dans notre exemple, elle précise une fourchette de 200 à 240 mots. À 199 ou 241 mots, la synthèse commence déjà à être pénalisée (1 point par tranche de 20 mots). Toutefois, cette règle peut changer, donc il faut bien lire la consigne.

Activité 17

C. En France, ce n'est pas du tout l'habitude de numéroter les parties dans un texte aussi court. Il vaut mieux éviter de le faire à l'examen.

F. L'unité d'organisation logique d'un texte n'est pas la phrase. On change de ligne — on commence un nouveau paragraphe — lorsqu'on passe à une autre idée.

G. On ne signe pas un exercice de synthèse.

Activité 18

La mise en page contient 4 erreurs :

1. Il manque un espace entre l'introduction et le développement pour bien les distinguer.

2. Le changement de paragraphe à partir de « D'ailleurs, comme les étudiants… » est fautif. Comme le montre le connecteur d'ailleurs, ce passage continue à développer la même idée essentielle.

3. Le passage à la deuxième partie n'est pas correctement marqué. Elle doit commencer à « Pour les examens en distanciel… »

4. Le passage entre la fin du développement et de la conclusion n'est pas marqué. En effet, celle-ci commence à « L'enseignement à distance revient donc… »

Voici le texte avec une mise en page qui montre clairement la progression logique des idées. Il comprend une introduction, un développement en 2 parties comprenant chacune 2 paragraphes, et une conclusion. La première partie concerne les problèmes de l'enseignement et la deuxième ceux qui relèvent de l'évaluation. Chaque idée essentielle est marquée en gras.

« Comme les universités ne vont pas reprendre les cours en « présentiel » avant le 1er février, il est bon de revenir sur les inconvénients de la pédagogie numérique à distance concernant l'enseignement et les examens.

Concernant l'enseignement, qui se donne via des plateformes comme Microsoft Teams, Google Meet, Moodle, Zoom, etc., **le point le plus problématique concerne la disparition de l'étudiant**. En effet, l'enseignant parle devant son ordinateur et pour tout dire parle à son ordinateur, parce que les étudiants ont l'habitude de couper la caméra de leur propre ordinateur. Et cela change tout : l'enseignant n'a plus le retour informationnel constitué par le regard des étudiants et leur attitude. Dans un cours normal, en « présentiel », l'enseignant voit dans les yeux des étudiants s'ils sont perdus, s'ils ont du mal à noter, s'ils ne comprennent pas, etc.
Certains étudiants envoient bien de temps en temps un message pour demander de remonter un élément du cours, voire pour poser une vraie question, **mais ce sont les mêmes qui le faisaient en présentiel**. Que deviennent les autres ? L'enseignant ne le sait pas. D'ailleurs, comme les étudiants coupent aussi leur micro (de toutes façons, si tous l'allumaient en même temps, cela créerait un bruit de fond intolérable), on ne sait même plus s'ils sont vraiment présents, ou s'ils vaquent à d'autres occupations tout aussi essentielles à leurs yeux que l'enseignement.

Pour les examens en distanciel, qui se déroulent via un logiciel, l'étudiant reçoit le sujet par e-mail et doit y répondre avant qu'un certain délai soit écoulé ; il peut aussi

répondre en ligne ; ou bien il s'agit d'un QCM en ligne. Mais dans tous les cas, **l'enseignant n'a aucun moyen de savoir si c'est bien l'étudiant qui a répondu seul**. A-t-il travaillé en groupe avec des copains du même amphi ou été aidé par quelqu'un ? Face à cette incertitude, on donne un devoir en temps très limité et on mélange les questions afin que les étudiants aient du mal à coordonner leurs réponses entre eux. Mais rien de tout cela ne donne de garantie de sincérité de l'examen.
Il y a également **le manque de maturité et de sécurité des logiciels**. Par exemple, le paramétrage de Moodle (un logiciel open-source d'enseignement à distance utilisé dans les universités françaises) donne par défaut l'accès à la bonne réponse aux étudiants juste avant la fin de l'examen, ce que les universités ne peuvent corriger elles-mêmes. L'erreur est ainsi vite commise par les enseignants du fait du manque d'entraînement, ce qui donne des examens avec 16 ou 18 de moyenne.

L'enseignement à distance revient donc à parler vite à des zombies et ce, indépendamment des qualités techniques des logiciels d'enseignement à distance. On se dirige vers des cohortes d'étudiants qui n'auront que peu bénéficié de l'enseignement qu'ils auront reçu, qui n'auront pas été vraiment évalués, et dont le diplôme sera sans valeur. C'est dramatique pour l'avenir. »

D'après Louis de Mesnard, *Le HuffPost*, 04/12/2020

Activité 19

Les bonnes réponses sont A et E.

L'annonce du plan (B) et la source des documents (D) sont facultatives. Les titres des articles (C) sont fortement déconseillés, car ils gaspilleraient trop de mots. Enfin, le résumé des documents (F) est interdit dans un exercice de synthèse qui ne doit pas présenter séparément leur contenu.

Activité 20

L'introduction C est la moins efficace. En effet, elle commence par la problématique sans exposer le sujet. De plus, l'annonce du plan en 3 phrases est beaucoup trop longue et rédigée à la première personne du pluriel (nous), ce qui est contraire au principe d'objectivité. L'introduction A est correcte. Elle contient bien l'exposé du sujet et la problématique ; l'annonce du plan est concise. L'introduction B est également correcte. Il est possible d'introduire le sujet en évoquant directement les documents : « Les deux articles évoquent... » Par ailleurs, la problématique peut être formulée par une question indirecte.

Activité 21

A. interactions ; B. idéale ; C. L'aggravation... entraîné ; D. présence... l'inquiétude ; E. Le mode hybride... performance ; F. matières... était insuffisant

Activité 22

Exemples possibles :

A. La *situation sanitaire* (technique 2) a généralisé les *cours à distance* (technique 1).
B. Les enseignements sont totalement *réorganisés* (technique 3). C. Les *établissements* (technique 1) doivent *dissocier* (technique 1) la *théorie* et la *pratique* (technique 3). D. L'enseignement en ligne devient *incontournable* (technique 4). E. Le *mode hybride* (technique 3) était *indispensable* (technique 4). F. Les *cours en ligne* (technique 1) sont moins *stressants* (technique 3). G. Des *innovations* (technique 3) *pédagogiques* (technique 2) et *technologiques* (technique 3) sont développées.

Activité 23

A. ont multiplié B. avoisine C. s'élève D. compte E. se sont raréfiés F. dépasser G. représentent

Activité 24

A. 59 % B. 0,8 % C. 96 % D. 48 % E. 66 % F. 8 %

Activité 25

Exemples possibles :

A. Les cours en ligne ont été multipliés par 8. B. Les étudiants étrangers représentent une infime proportion. C. Les enseignants se plaignent du faible taux de participation aux visioconférences. D. La plupart des écoliers se plaignent du manque de contacts. E. Les échecs en master ont augmenté d'un tiers. F. La partie théorique dépasse les deux tiers des cours hebdomadaires. G. Les visiteurs de la bibliothèque universitaire se raréfient.

Activité 26

A. Pour amener une affirmation : constater, évoquer, *déclarer, indiquer, poser le problème de...*

Pour amener une prise de position : assurer, considérer, estimer, *être convaincu (persuadé) que, expliquer, penser...*

Pour amener une mise en valeur : avertir, souligner, *alerter, faire remarquer, rappeler...*

Pour amener une concession : admettre, convenir, reconnaître, *avouer, concéder, consentir...*

Pour amener une contestation : condamner, désapprouver, s'opposer, *craindre, regretter, déplorer...*

Pour amener un souhait, un conseil : préconiser, suggérer, *conseiller, espérer, recommander...*

Activité 27

A.3 (craindre que + subjonctif) ; B.2 (s'opposer à qqch) ; C.4 (estimer que + indicatif) ; D.1 (préconiser de + infinitif) ; E.6 (se demander si + indicatif) ; F.5 (désapprouver le fait que + subjonctif) ; G.7 (avertir qqn de qqch)

Activité 28

Exemples possibles :

A. Les établissements *déplorent* un manque de préparation à l'enseignement à distance. B. Un psychologue *alerte* sur les dangers de l'isolement pour le développement de l'enfant. C. Les étudiants *s'opposent* à la fermeture des universités jusqu'en janvier. D. Des parents *reconnaissent* les efforts des enseignants pour assurer la continuité pédagogique. E. Les experts *préconisent* un mode d'enseignement hybride. F. Certains enseignants *expliquent* qu'ils ont adopté les technologies en classe.

Activité 29

A. nouveaux. L'idée de nouveauté est déjà exprimée par le verbe.

B. On constate que. Puisqu'il s'agit d'une affirmation sans sujet défini, autant l'exprimer directement.

C. par exemple. « Comme » introduit déjà un exemple.

D. Il y a... qui. La construction « il y a... qui » est très lourde et, par ailleurs, trop orale pour un écrit formel.

E. ensemble. Le verbe signifie déjà « travailler ensemble ».

F. potentiel. Un danger est déjà potentiel, non certain.

G. pourtant. La concession est déjà exprimée par « bien que ».

Activité 30

A. Cet établissement a décidé de sanctionner plus sévèrement les élèves retardataires. B. L'évolution des méthodes pédagogiques est probable. C. Le budget relatif aux équipements informatiques doublera l'année prochaine. D. Des solutions plus efficaces contre l'absentéisme existent. E. Les élèves peuvent ainsi interagir à distance et travailler sur des projets. F. Les enseignants s'opposent à l'adoption définitive des cours hybrides. G. Le présentiel représente seulement 50 % des enseignements.

Activité 31

A.3 : L'hybridation des enseignements, alternance de présentiel et de distanciel, a démontré son efficacité dans le contexte sanitaire.

B.5 : L'enseignement à distance, limitant trop les interactions avec les professeurs, inquiète les élèves.

C.1 : Déjà ancien, il s'est généralisé depuis la rentrée universitaire.

D.6 : Les étudiants internationaux, qui ne pouvaient encore rejoindre leurs établissements, ont commencé les cours sur Internet.

E.4 : Pénalisés par les cours en ligne, les élèves en art exigent la reprise des cours en présentiel.

F.2 : En réduisant le stress, les cours en visioconférence ont séduit certains élèves.

Activité 32

Exemples possibles :

A. Comme les enseignants manquent de formation, le lancement des cours en ligne a pris du retard. B. Les cours en visioconférence se montrent très efficaces dans les enseignements théoriques, pourvu que les élèves soient présents. C. Convaincu de l'efficacité des tablettes, Mike Kraher les utilise fréquemment dans ses cours en classe. D. Bien qu'étant surveillés par des logiciels, les examens en ligne présentent des risques de fraude. E. Les professeurs proposent régulièrement des échanges et des exercices interactifs, de peur que les participants s'ennuient. F. Si les cours en ligne donnent satisfaction dans les matières scientifiques, les résultats peuvent être désastreux dans les formations pratiques. G. La classe inversée, une méthode pédagogique plébiscitée par les enseignants, alternent enseignements théoriques en ligne et exercices d'application en classe.

Activité 33

Réponse libre. Un modèle pour cette synthèse sera consultable dans la partie 3. *Réviser*.

Activité 34

Respect de la longueur

— 200 mots minimum, 240 mots maximum

Mise en page

— Titre centré en haut du texte

— Espace entre l'introduction et le développement

— Espace entre chaque partie du développement

— 2 ou 3 paragraphes visibles à l'intérieur de chaque partie

Introduction

— Présentation du problème

— Problématique clairement formulée

— Annonce du plan (facultative)

Organisation du développement

— Progression logique et fluide

— Plan entièrement personnel (qui ne suit pas l'ordre des documents)

— Parties et paragraphes équilibrés

— Paragraphes bien construits (idée essentielle + idées secondaires + exemples)

— Liaisons claires entre les idées

Traitement des informations

— Présence de toutes les idées importantes

— Reformulations des idées fidèles et claires

— Pas d'informations étrangères aux documents

— Pas d'opinion personnelle

— Pas de passages recopiés des documents

— Pas de pronoms *je* ou *nous*

Ponctuation

— Points en fin de phrase

— Virgules bien placées

— Points d'interrogation

Activité 35

Respect de la longueur : non, le texte totalise 256 mots. Il faudrait d'abord supprimer le titre qui n'est pas obligatoire. On peut également supprimer des mots inutiles, comme « *c'est* un mode hybride *qui* » et remplacer « étudiants venant d'autres pays » par « étudiants étrangers ».

Mise en page

Titre centré en haut du texte : OK

Espace entre l'introduction et le développement : non, il faudrait l'ajouter.

Espace entre chaque partie du développement : OK

2 ou 3 paragraphes visibles à l'intérieur de chaque partie : non, la partie 3 ne comprend qu'un seul paragraphe.

Introduction

Présentation du problème : OK

Problématique clairement formulée : OK

Annonce du plan (non obligatoire) : OK

Organisation du développement

Progression logique et fluide : les paragraphes 2 et 3 ne se suivent pas logiquement. Il faut inverser l'ordre, puisque le paragraphe 2 expose les conséquences de la situation sanitaire : c'est la généralisation de l'enseignement en ligne qui entraîne une réorganisation des cours.

Plan entièrement personnel : OK

Parties et paragraphes équilibrés : non, la partie 1 est trop longue par rapport aux deux autres.

Paragraphes bien construits : le dernier paragraphe comporte 2 idées essentielles qu'il convient de séparer.

Liaisons claires entre les idées : 1/ dans la phrase « L'enseignement en ligne n'est pas nouveau *et* la situation sanitaire entraîne sa généralisation », il faut remplacer *et* par *mais* pour marquer la relation d'opposition entre les 2 informations. 2/ La deuxième partie ne devrait pas commencer par le connecteur *Par ailleurs*. Comme il s'agit d'exposer l'antithèse (les inconvénients après les avantages), il faudrait utiliser un connecteur d'opposition, comme *toutefois* ou *cependant*.

Traitement des informations

Présence de toutes les idées importantes : OK

Pas d'informations étrangères aux documents : OK

Pas d'opinion personnelle : l'auteur de la synthèse s'implique 2 fois avec *nous semble* (introduction) et *pour nous* (dernier paragraphe)

Pas de passages recopiés des documents : 1/ le titre de la synthèse reprend celui du document 2. 2/ Dans le paragraphe 2, l'expression « n'ont pas bien vécu le manque de contacts » est beaucoup trop proche du document 2 (voir paragraphe 2).

Reformulations des idées fidèles et claires : OK

Pas de pronoms *je* ou *nous* : 2 emplois du pronom *nous* dans l'introduction et le dernier paragraphe.

Ponctuation

Points en fin de phrase : il manque un point final à la phrase « L'enseignement en ligne a permis la continuité pédagogique » et une majuscule à *Des* qui commence la phrase suivante (paragraphe 4).

Virgules bien placées : 1/ dans la phrase « Si le distanciel se révèle efficace pour les sciences il déçoit » (paragraphe 6), il manque une virgule entre *sciences* et *il*. 2/ Dans la phrase « Il permet, aux étudiants venant d'autres pays, de ne pas rater la rentrée. » (dernier paragraphe), il faut supprimer les virgules qui sont inutiles.

Points d'interrogation : OK

Activité 36

A. être = constituer ; B. eu = bénéficié ; C. disent = confient ; D. est = se trouve ; E. dit

134

= promis ; F. fait = mis en oeuvre ; G. faites = commises ; H. sont = se montrent ; I. faire = effectuer ; J. ont = comprennent

Activité 37

A. insuffisants. Un adjectif précédé d'un nom féminin et d'un nom masculin s'accorde au masculin.

B. Quelle. Le pronom « quel » s'accorde en genre et en nombre avec le sujet du verbe être.

C. fait ? Lorsqu'il est suivi immédiatement d'un infinitif, le participe passé « fait » est invariable.

D. savoir-faire. Un mot composé de 2 verbes est invariable.

E. lu. Lorsque le pronom « en » est COD, il n'a ni genre ni nombre. Donc, le participe passé qui le suit ne s'accorde pas.

F. chacun. Ce pronom indéfini est toujours au singulier.

G. certain. Le pronom indéfini « personne » est toujours au masculin singulier.

H. excepté. Placés devant un nom, les participes passés comme attendu, entendu, excepté, vu... ont une valeur de préposition. Ils sont alors invariables.

I. aucune évaluation. Comme il exprime une quantité nulle, « aucun » reste au singulier, sauf s'il précède un nom toujours pluriel.

J. fallu. On n'accorde pas le participe passé d'un verbe impersonnel, comme « il faut ».

Activité 38

Voici un modèle de synthèse :

L'enseignement en ligne s'est répandu avec la pandémie. Mais représente-t-il une solution durable ? Si les établissements l'ont adopté, il présente des inconvénients et un mode hybride semble préférable.

L'enseignement en ligne n'est pas nouveau, mais la situation sanitaire entraîne sa généralisation à tous les établissements. Souvent fermés au début de la pandémie, ils risquent une autre fermeture à la rentrée.
S'impose alors une réorganisation des cours. Les enseignants ont déjà dû s'adapter au manque de présence. Comme le nouveau protocole sanitaire autorise seulement 50 % des cours en classe, les établissements s'efforcent de partager théorie en ligne et pratique en présentiel.

Toutefois, l'enseignement à distance n'est pas l'idéal. Certes, il a permis la continuité pédagogique. Des professeurs ont même découvert les avantages de la technologie. Certains élèves y trouvent plus de confort, de sécurité et moins de stress.
Cependant, de nombreux élèves s'inquiètent du manque d'interactions entre eux et avec les professeurs. Si le distanciel se révèle efficace pour les sciences, il déçoit dans les matières nécessitant une présence physique. Son amélioration exigera encore de longues recherches.

Le modèle hybride semble une solution plus durable. Il permet aux étudiants étrangers de ne pas rater la rentrée. D'autre part, même si le distanciel fonctionne pour certaines compétences professionnelles, des étudiants réclament le présentiel pour les formations pratiques.

Efficace sur le plan pédagogique, le mode hybride permet une bonne répartition théorie/pratique. Vecteur d'innovations pédagogiques et technologiques, il représente une solution d'avenir.

238 mots

Production guidée 2 : l'essai argumenté

Activité 1

A. Vrai. Les 2 exercices sont toujours reliés par le même thème. Mais dans l'essai, vous devrez exprimer votre opinion personnelle.

B. Faux. Les règles de l'examen n'imposent pas un ordre obligatoire pour faire les 2 exercices. Toutefois, il vaut mieux commencer par l'exercice de synthèse, car il est plus long et qu'il permet de bien se familiariser avec le thème.

C. Vrai. C'est toléré si l'emprunt est pertinent. Mais ce sont avant tout vos idées personnelles qui seront valorisées par les examinateurs.

D. Vrai. La consigne impose souvent une simulation dans laquelle vous écrivez en adoptant un rôle.

E. Vrai. Sauf indication contraire de la consigne, les exemples tirés de votre environnement personnel seront valorisés.

F. Faux. La lettre formelle est un type de texte fréquent, mais on peut éventuellement vous demander d'écrire un article, une contribution à un forum, etc.

G. Faux. Les examinateurs évalueront votre capacité à adapter vos arguments au destinataire.

Activité 2

A.2 ; B.4 ; C.5 ; D.1 ; E.3

Activité 3

A. 1) Je suis lecteur d'un magazine étudiant et donc très probablement... étudiant dans une université, par exemple la Sorbonne à Paris. Je suis également membre du forum administré par le magazine. 2) L'enseignement en ligne se trouve fortement critiqué dans un débat, mais je suis d'un autre avis et je décide de m'exprimer. 3) Mon texte devra s'adresser aux organisateurs du débat ainsi qu'à tous les membres du forum, qui sont des étudiants comme moi. Je devrai employer un français standard, mais quelques mots familiers sont autorisés. Si le destinataire est collectif, je pourrai toutefois rapporter l'opinion d'un membre et m'adresser à lui en particulier. 4) Il s'agit d'un message posté dans un forum (groupe de discussion). Il devra contenir des formules de salutations, mais elles ne seront pas formelles comme dans une lettre. 5) Je dois montrer que les critiques contre l'enseignement en ligne ne sont pas entièrement justes, en montrant ses points forts et ses atouts sur le long terme.

B. 1) Cette consigne n'impose pas de simulation. Je vais donc rester moi-même et exprimer directement mon opinion. 2) La consigne pose directement une problématique et il s'agit d'y répondre. 3) Comme il ne s'agit pas de simuler une situation de communication, il n'y a pas de destinataire particulier. 4) Il s'agit d'un essai. C'est un type de texte assez « académique » qui doit comporter uniquement une introduction, un développement et une conclusion. Le registre de langue est formel. On peut y employer le pronom « je » ou « nous » (plus formel). 5) Je dois exprimer directement mon opinion sur l'efficacité à long terme de l'enseignement hybride à l'université.

C. 1) Je suis membre ou président d'une association de parents d'élèves. J'ai donc un ou des enfants actuellement scolarisés dans un collège. Toutefois, ce n'est pas de mon cas individuel que je vais parler, mais d'une collectivité dont je suis le représentant. 2) Mon association constate que l'enseignement en ligne au collège ne donne pas de résultats satisfaisants. Elle décide d'écrire à un responsable pour améliorer la situation. 3) Mon texte doit s'adresser au ministre de l'Éducation. C'est le plus haut responsable dans ce domaine, c'est donc lui qui a décidé de mettre en place cet enseignement en ligne au collège. Par ailleurs, Le registre de langue sera très formel. 4) Il s'agit d'une lettre ouverte. C'est un type de lettre formelle très particulier : une lettre est dite *ouverte*, lorsqu'elle est publiée dans les médias, alors qu'elle s'adresse à un destinataire en particulier, souvent un responsable politique. Son but est de critiquer une situation, de démontrer son importance pour enfin demander des changements. Le ton de la lettre est donc surtout polémique et la diffusion publique est destinée à forcer le destinataire à s'intéresser au problème. 5) Le but est de convaincre le ministre que l'enseignement en ligne au collège est un échec. Je dois d'une part exposer ses conséquences précises et d'autre part, proposer des solutions pratiques et réalisables.

D. 1) Je suis étudiant dans une université, par exemple en licence d'histoire à la Sorbonne, Paris. Je suis ou j'ai suivi des cours en ligne. 2) J'ai lu dans un magazine étudiant une annonce qui invite à partager ses expériences d'enseignement en ligne. Je décide de témoigner, car — par exemple — j'ai très envie de me plaindre. 3) Je vais m'adresser à tous les lecteurs du magazine étudiant, avec lesquels j'ai sûrement des expériences communes. Le registre de langue est standard, mais des mots un peu familiers sont possibles. 4) Il s'agit d'un article dans un magazine. Ce type de texte doit comporter un titre et une signature, éventuellement un chapeau. Le style doit être assez vivant. 5) Je dois exprimer ce que je pense de l'enseignement en ligne à l'université, en m'appuyant sur mon expérience personnelle. Le contenu est libre, mais les arguments doivent être organisés avec logique, en suivant un plan.

Activité 4

A. Je suis étudiant dans une université, par exemple en licence de chimie à la Faculté des Sciences de Montpellier. Mon université a décidé récemment de faire passer en ligne une partie des cours de licence. *Dans la consigne, rien ne m'oblige à évoquer la pandémie. Libre à moi d'imaginer un contexte « normal » pour parler d'un mode d'enseignement qui est destiné de toute façon à se développer.*

B. Dans le numéro de janvier 2021 du magazine *l'Étudiant*, j'ai lu une pétition lancée par un collectif d'étudiants pour demander la suppression des cours en ligne. Je trouve cette critique excessive et je décide d'exprimer mon opinion. J'aurai donc besoin d'imaginer le contenu de cette pétition : qu'est-ce qu'elle reproche à l'enseignement en ligne ?

C. Mon texte s'adressera avant tout aux signataires de la pétition, mais également à tous les lecteurs du magazine. Je partage les mêmes difficultés, même si les situations sont un peu différentes selon les spécialités. Le registre de langue sera surtout standard, avec quelques mots familiers à l'occasion.

D. Mon texte est destiné au courrier des lecteurs du magazine *l'Étudiant*, autrement dit une rubrique qui accueille les réactions. Il devra faire référence à la pétition à laquelle j'ai décidé de réagir. Je signerai mon texte par mon nom et mon université.

E. Je dois réagir à un texte existant, à savoir une pétition. Je dois convaincre qu'il ne faut pas supprimer complètement l'enseignement en ligne, mais plutôt adopter un mode hybride qui permet de profiter des 2 modes complémentaires : à distance et en classe.

Activité 5

B. Un bon exemple d'argument binaire, qui généralise de manière excessive : il existe bien sûr des enseignants très à l'aise avec les technologies et d'autres qui ne demandent qu'à apprendre. E. Argument à la fois binaire (est-ce le cas de tous les étudiants ?) et inadapté : est-ce la meilleure stratégie de rendre les destinataires responsables de tous les problèmes ? F. Argument qui n'est adapté ni à la situation ni aux destinataires : les enseignants sont-ils à l'origine du problème ? En demandant la suppression des cours en ligne, les pétitionnaires ont-ils pour objectif de réduire le nombre d'enseignants ?

Activité 6

Réponses libres.

Activité 7

Exemples possibles :

Aspect matériel : tous les étudiants sont-ils équipés d'un ordinateur et d'une connexion Internet ?

Aspect environnemental : l'enseignement en ligne permet-il de réduire la pollution liée aux transports ?

Aspect pédagogique : comment résoudre les problèmes d'inattention pendant les visioconférences ?

Aspect de l'évaluation : est-il faisable de passer les examens à distance ?

Aspect social : comment réduire l'isolement des étudiants ?

Aspect organisationnel : dans un cours hybride, comment répartir les activités en ligne et les activités en classe ?

Aspect politique : quelles sont les obligations fixées par l'État concernant l'enseignement à distance ?

Activité 8

A. Notre article s'adresse d'abord aux signataires de la pétition qui ont manifestement le même point de vue négatif. Toutefois, nous écrirons plus généralement pour tous les étudiants qui lisent le magazine. En fait, c'est un public assez diversifié et les points de vue peuvent varier. Un enseignement à distance n'aura pas le même impact selon qu'on étudie les mathématiques ou une discipline artistique. Il posera sans doute moins de difficultés en master de recherche qu'en première année de licence, etc.

B. Voici des exemples d'acteurs et leurs éventuels points de vue :

Les enseignants : certains se plaignent du manque d'attention des élèves lors des visioconférences. D'autres, plus enthousiastes, trouvent le modèle hybride très efficace pour renouveler leur enseignement.

Les responsables du réseau informatique à l'université : ils déplorent le manque de compétences des enseignants. En revanche, ils sont satisfaits de la valorisation de leurs postes et des moyens supplémentaires qui leur sont accordés.

Les responsables des départements à l'université : la mise en place d'un enseignement hybride suppose une réorganisation à laquelle ils estiment ne pas être préparés. En revanche, les visioconférences se révèlent une bonne solution au manque de salles.

Activité 9

Exemples possibles :

A/ Quels sont les arguments des rédacteurs de la pétition ?

— Protestation généralisée contre l'enseignement en ligne : dans toutes les universités on retrouve les mêmes plaintes des étudiants, mais également des enseignants.

— Certains étudiants ne sont pas équipés d'un ordinateur personnel.

— Pas d'espace de travail à la maison pour travailler dans le calme.

— Risques psychologiques : de nombreux étudiants souffrent de l'isolement.

— Taux de décrochage élevé : trop de visioconférences. Impossible de maintenir la concentration devant un écran 8 heures par jour.

B/ Quels sont les atouts d'un modèle hybride ? Comment le mettre en place ?

— Bien-être pour les étudiants : moins de déplacement, moins de fatigue dans les transports en commun.

— Plus de flexibilité : les cours enregistrés peuvent être visionnés où on veut, quand on veut.

— Meilleure répartition théorie/pratique : on ne se déplace plus pour un cours magistral, mais seulement pour la pratique. Par exemple, leçon de chimie en vidéo et expérimentation en laboratoire.

— Augmentation des capacités d'accueil : chaque année notre université doit refuser des étudiants. Avec un modèle hybride, moins de cours en présentiel, donc on résout le manque de places.

— Adopter une mise en place progressive : majorité de présentiel pour la première année, puis diminution progressive jusqu'au master, etc.

— Prêt de matériel informatique, plus de bornes Wi-Fi en accès gratuit pour les étudiants qui en ont besoin.

— Créer des espaces de « co-apprentissage », en s'inspirant des espaces de cotravail, pour le travail au calme et la socialisation.

Activité 10

Nous pouvons par exemple adopter une *stratégie concessive*, souvent employée pour inciter un destinataire à modifier son opinion. Elle consiste à accepter d'abord certains arguments exposés par le destinataire, avant d'exposer un point de vue personnel. Ainsi, notre texte commencerait par reconnaître que certains arguments contre l'enseignement en ligne sont justifiés. Ensuite, il montrerait qu'il ne faut pas le supprimer, mais profiter de ses avantages en adoptant un modèle hybride. Pour être encore plus convaincant, le texte proposerait enfin des solutions aux problèmes soulevés par la pétition.

Activité 11

Le plan C répond le mieux à l'objectif fixé par la consigne. Voici les défauts des autres plans :

Plan A : un plan par aspects convient plus à un rapport de faits objectifs qu'à une opinion personnelle dans un courrier des lecteurs. De plus, l'aspect technique est-il le plus important ? Faut-il vraiment le placer en dernière position pour le mettre en valeur ?

Plan B : en mettant les inconvénients en seconde partie, on leur donnerait plus d'importance. Concernant la stratégie, il serait maladroit de mettre en valeur les inconvénients d'un modèle que l'on veut convaincre d'adopter.

Plan D : un plan de type résolution de problème pourrait répondre à notre objectif. Mais la progression est assez maladroite : peut-on logiquement proposer des solutions avant d'avoir analysé les causes du problème ?

Activité 12

Cette partie présente 2 gros défauts :

1. Elle présente une liste d'idées trop longue et non organisée. Il faudrait les regrouper en 2 ou 3 points maximum. Par exemple, les idées 1 et 4 pourraient être regroupées en un point sur les inégalités entre étudiants. Par ailleurs, il faut absolument éviter les répétitions comme les idées 2 et 5.

2. Comme dans le plan général, à l'intérieur de chaque partie, il faut s'efforcer de mettre en valeur les arguments les plus convaincants pour le destinataire. L'idée 3 conclurait mieux la partie en montrant la gravité de la situation.

Activité 13

I. Problèmes de l'enseignement en ligne

1. Encore plus d'inégalités

— Manque d'équipement informatique

— Manque d'espace personnel pour travailler

2. Encore plus d'abandons

— Problèmes de concentration

— Isolement affectif

II. Atouts du modèle hybride

1. Un modèle plus inclusif

— Augmentation des capacités d'accueil

— Adaptation aux différents profils

2. Une pédagogie plus efficace

— Meilleure répartition théorie/pratique

— Pédagogie plus adaptée aux besoins actuels

Activité 14

Voici un exemple de plan détaillé :

I. Problèmes de l'enseignement en ligne

1. Encore plus d'inégalités entre étudiants

a. Manque d'équipement informatique : certains ne sont pas équipés d'un ordinateur personnel ou d'une connexion Internet. Frais supplémentaires pour suivre les visioconférences.

b. Contextes personnels défavorables : pas d'espace personnel à la maison pour travailler dans le calme. Très difficile de suivre un cours en ligne dans le salon, en famille.

2. Trop de décrochages

a. Problèmes de concentration : trop de visioconférences. Longs monologues des professeurs. Des étudiants abandonnent. Génération Z = génération Zoom !

b. Isolement affectif : manque de contacts directs entre étudiants. Sociabilisation réduite. Conséquences quelquefois dramatiques : abandon définitif des études, dépressions.

II. Atouts du modèle hybride

1. Plus inclusif

a. Augmentation des capacités d'accueil : solution au manque de salles. De plus, facilite accès aux études pour les personnes en formation continue ou en situation de handicap.

b. Adaptation aux différents profils : plus de variétés dans les activités. Plus de flexibilité : regarder un cours où on veut, quand on veut.

2. Modèle pédagogique plus efficace

a. Meilleure organisation des cours : théorie en ligne mieux assimilée, chacun à son rythme. Cours en présentiel réservés à la pratique et aux échanges. Moins d'étudiants dans les travaux dirigés.

b. Pédagogie plus adaptée aux besoins actuels. Sortir du modèle magistral. Réalisation de projets et travail en équipe pour mieux préparer l'étudiant à son futur métier.

III. Solutions proposées

1. Mise en place progressive

a. Besoin d'expérimenter : ne pas rejeter trop vite un nouveau modèle. Prendre le temps de tester, de changer ses habitudes.

b. Du présentiel à l'hybride : majorité de présentiel pour la première année, puis diminution progressive jusqu'au master. De même, commencer l'année universitaire par du présentiel, puis augmenter le distanciel au deuxième semestre.

2. Réduire les inégalités

a. Prêt de matériel informatique : pour les étudiants en difficulté financière, prêt d'ordinateur portable. Plus de bornes Wi-Fi en accès gratuit.

b. Ouvrir des espaces de « co-apprentissage » : pour favoriser à la fois travail au calme et contacts entre étudiants, s'inspirer des espaces de cotravail qui existent déjà pour les travailleurs indépendants.

Activité 15

A. Vrai. 250 mots est un minimum. Le candidat peut écrire un texte plus long, mais le contenu doit rester pertinent jusqu'au bout.

B. Vrai. La copie du candidat doit toujours rester anonyme. Si la consigne impose un rôle, imaginez un faux nom.

C. Faux. À l'examen, il n'est pas nécessaire de fournir l'en-tête complet d'une lettre formelle (coordonnées de l'expéditeur, etc.)

D. Vrai. Un texte argumentatif doit toujours comporter une introduction et une conclusion. Bien sûr, les formules à employer varieront selon le type de texte.

E. Vrai. La mise en page du texte doit faciliter sa lecture : on doit repérer rapidement les différentes parties.

F. Vrai. Dans la plupart des sujets, il s'agit d'exprimer directement son point de vue, soit à titre individuel, soit comme représentant d'un groupe.

G. Faux. Le texte peut contenir quelques phrases simples, bien sûr. Mais, le candidat doit montrer sa capacité à rédiger des phrases complexes, surtout dans un texte formel.

Activité 16

A : 3, 4, 5, 7 ; B : 5, 6 ; C : aucun élément de paratexte ; D : aucun élément de paratexte ; E : 1, 2, 6 ou 7 ; F : 1, 6 ou 7

Activité 17

A. message dans un forum ; B. courrier électronique ; C. lettre formelle ; D. essai

Activité 18

Cette introduction présente 3 erreurs :

1. La présence d'une formule d'appel : *Monsieur*. Un courrier des lecteurs ne s'adressant pas à un destinataire particulier ni à un groupe bien identifié, on n'emploie pas de formule d'appel.

2. La présentation est incomplète : il faudrait préciser la référence à la pétition. Quel était son sujet, sa date de parution ?

3. L'annonce du plan est trop académique pour un courrier des lecteurs. On n'y annonce pas le plan d'une manière aussi détaillée et en utilisant des termes scolaires, comme « première partie ».

Activité 19

Exemple possible :

Suite à la pétition, parue dans le numéro du 28 octobre, contre l'enseignement en ligne, je me permets d'écrire au courrier des lecteurs pour exprimer mon désaccord. En effet, au lieu d'un abandon total, je suis persuadé que la mise en place d'un modèle hybride apporterait la solution à bien des problèmes.

Activité 20

A.4 ; B.5 ; C.1 ; D.6 ; E.2 ; F.3

Activité 21

A. Concernant les sciences, les cours en ligne se révèlent relativement efficaces. B. Certaines critiques visant le modèle hybride me semblent plutôt déplacées. C. La plupart des étudiants trouvent les cours par visioconférence absolument insipides. D. Les plateformes comme Moodle s'avèrent particulièrement déroutantes pour les professeurs.

Activité 22

Exemples possibles :

— La demande de suppression des cours en ligne me paraît inadmissible.

— Je trouve les reproches contre les enseignants assez choquants.

— Le désir d'étudier dans les meilleures conditions me semble tout à fait légitime.

Activité 23

CERTITUDE : indéniables, incontestable, J'ai l'intime conviction que

INCERTITUDE : probablement, aurait doublé, Il serait étonnant que, pourrait, hypothétique

Activité 24

Exemples possibles :

A. Il est peu probable que les cours en ligne soient totalement supprimés. B. Il est vraisemblable que l'université prêtera des ordinateurs aux étudiants précaires. C. Il va de soi que les étudiants passeront les examens en ligne. D. Le manque d'interactions pourrait expliquer l'abandon des étudiants. E. Les plateformes modernes facilitent incontestablement les activités de groupe.

Activité 25

Exemples possibles :

— Il est certain qu'il faudra trouver une nouvelle forme d'évaluation.

— Il se pourrait que les étudiants en profitent pour tricher.

— Les précautions prises contre la fraude risquent d'être insuffisantes.

Activité 26

CONCESSION : si efficaces qu'elles soient, Je n'ignore pas, S'il est vrai que, Je vous concède que

OPPOSITION : en revanche, au lieu de, néanmoins, il n'en reste pas moins que

Activité 27

A.2 ; B.1 ; C.6 ; D.5 ; E.4 ; F.3

Activité 28

Exemples possibles :

A. Si les cours en amphithéâtre sont plus animés, ils sont aussi peu interactifs : les étudiants se contentent d'écouter le professeur. B. Je reconnais que les formations en ligne demandent plus de travail personnel. Cela permet toutefois aux étudiants de développer leur autonomie. C. L'enseignement traditionnel, quoique performant, n'arrive plus à suivre les évolutions du travail.

Activité 29

A. Le but d'une nouvelle partie n'est pas de montrer *l'idée inverse*. Elle doit compléter ou discuter la partie précédente, et non affirmer le contraire. En effet, le but général du texte est d'exprimer un point de vue précis et nuancé, pas de changer d'opinion à chaque partie.

B. Il vaut mieux éviter les formules trop familières comme « je passe maintenant à... » et les oppositions trop schématiques « avantages - inconvénients ». Elles sont acceptables à l'oral, mais pas dans un écrit formel.

E. N'utilisez pas dans votre texte les mots « partie », « introduction », « paragraphe », etc. Ce sont des termes scolaires à éviter, notamment dans un courrier des lecteurs.

Activité 30

Partie 1 : Problèmes de l'enseignement en ligne

Transition possible : *Faut-il pour autant signer la pétition ? L'abandon définitif des cours en ligne nous priverait d'un modèle aux nombreux atouts.*

Partie 2 : Atouts du modèle hybride

Transition possible : *Toutefois, l'adoption d'un tel modèle présente certaines difficultés et sa mise en place devrait se faire progressivement.*

Partie 3 : Solutions proposées

Activité 31

A.1 ; B.4 ; C.6 ; D.3 ; E.7 ; F.5 ; G.2

Activité 32

A.5 ; B.2 ; C.3 ; D.6 ; E.4 ; F.1

Activité 33

A. Commencer un développement : d'abord, en premier lieu, d'une part,

B. Continuer un développement : en ce qui concerne, de plus, d'un autre côté, par ailleurs, en outre, quant à, d'autre part, pour ce qui est, *en deuxième lieu, puis...*

C. Terminer un développement : enfin, en dernier lieu, *pour terminer*

D. Conclure un développement : pour conclure, en définitive, *en conclusion*

E. Expliquer un argument : en réalité, en fait, en effet, *de fait, c'est-à-dire*

F. Renforcer un argument : non seulement... mais (encore), d'autant plus que, de surcroît, *d'ailleurs*

Activité 34

Voici les corrections à apporter :

— Remplacer *en fait*, qui sert à corriger une information considérée comme fausse, par *en effet* qui sert à expliquer l'argument : pourquoi ces inégalités ?

— Remplacer *d'ailleurs*, qui renforce ou confirme l'argument précédent, par *par ailleurs* qui introduit un autre aspect sans lien logique direct : après l'équipement informatique, un deuxième facteur d'inégalité, à savoir le manque d'espace personnel.

— Remplacer *en définitive*, qui annonce la conclusion d'un développement, par *en second lieu* qui introduit le deuxième argument principal (voir *en premier lieu* dans le premier paragraphe).

— Remplacer *Non seulement*, qui se construit toujours avec une deuxième section introduite par *mais (encore)*, par *Quant* qui sert à passer à un autre aspect d'un problème ou à d'autres personnes concernées.

— Remplacer *Enfin*, qui introduit un dernier argument, par *de fait* qui sert à expliquer l'argument : pourquoi les conséquences sont-elles dramatiques ?

Activité 35

Anaphores nominales : l'enseignement mixte (synonyme), ce mode d'enseignement (hyperonyme)...

Anaphores pronominales : il, le (pronom COD), lui (pronom COI), son, le nôtre, auquel, celui que...

Activité 36

A. ... mais *ceux* de juin... B. *Tous* ont dû repasser l'épreuve... (ou *Ils ont dû tous repasser...*) C. *le premier* obtient de moins bons résultats que *le deuxième*. D. *Ceux-ci* pourraient être aménagés... E. ... la majorité *d'entre eux* sont en licence et *les autres* en master. F. *Les uns* refusent sa mise en place. *Les autres* préfèrent...

Activité 37

A.3 ; B.5 ; C.6 ; D.2 ; E.1 ; F.4

Activité 38

Exemples possibles :

A. les travaux dirigés (TD)

B. Ces groupes d'échanges entre étudiants et professeurs

C. La célèbre université parisienne

D. classe inversée

E. Ce système d'évaluation répartie sur toute l'année

F. l'application de visioconférence, victime de son succès,

Activité 39

A. Cette démarche ; B. une telle conjoncture ; C. Ce phénomène ; D. cette éventualité ; E. Ce dispositif ; F. Cette initiative ; G. un tel dénouement

Activité 40

A. ce dont ; B. ce que ; C. ce à quoi ; D. ce qui ; E. ce pour quoi ; F. ce grâce à quoi

Activité 41

En somme, cette année de cours en ligne me laisse un sentiment mitigé. J'ai pu apprécier ses aspects novateurs et la liberté qu'il donne. *En revanche*, je n'ai pas très bien vécu cette absence de contacts sociaux. Si un enseignement ne parvient pas à créer du lien, je m'inquiète pour les conséquences à long terme...

Activité 42

A. Cette formule de remerciements est réservée à la lettre formelle. C. Cette formule n'est pas adaptée au courrier des lecteurs. Pourquoi donner rendez-vous aux destinataires ? D. Cette formule de salutations convient uniquement dans un courrier électronique. G. Cette manière académique de récapituler les arguments avec le pronom « nous » convient plutôt au type de l'essai.

Activité 43

Exemple possible :

Pour conclure, je suis persuadé qu'un modèle hybride reste la meilleure solution. Plus inclusif et plus efficace, il répond mieux aux besoins des étudiants d'aujourd'hui. Toutefois, il faudra prévoir une mise en place progressive qui prenne en compte les difficultés de chacun. Plus généralement, il me semble nécessaire de moderniser les modes de formation à l'université. Cela devient urgent !

Activité 44

Réponse libre. Un modèle d'essai argumenté sera consultable dans la partie *3. Réviser*.

Activité 45

Respect de la longueur

— 225 mots minimum

Mise en page

— Paratexte pertinent (titre pour un article, objet pour une lettre, etc.)

— Respect de l'anonymat (pas de vrai nom sur la copie)

— Espace entre les différentes parties du texte

— 2 ou 3 paragraphes visibles à l'intérieur de chaque partie

Introduction

— Formule d'appel, si nécessaire (lettre, courrier électronique...)

— Présentation du problème

— Problématique

— Annonce du plan

Organisation du développement

— Progression logique vers l'objectif

— Transitions claires entre les parties

— Parties et paragraphes équilibrés

— Paragraphes bien construits (argument principal + arguments secondaires + exemples)

— Connecteurs pertinents et variés

— Anaphores pertinentes

Conclusion

— Réalisation de l'objectif

— Résumé des arguments

— Clôture selon le type de texte (formules de la lettre, etc.)

Ponctuation

— Ponctuation d'usage : points finaux, place des virgules, points d'interrogation...

— Ponctuation expressive efficace : points d'exclamation, guillemets, etc.

Activité 46

Respect de la longueur

225 mots minimum : OK

Mise en page

Paratexte : Titre et signature OK, mais un courrier des lecteurs ne comprend pas d'objet.

Respect de l'anonymat : OK

Espace entre les différentes parties du texte : OK

2 ou 3 paragraphes visibles à l'intérieur de chaque partie : OK

Introduction

Formule d'appel : un courrier des lecteurs ne comprend pas de formule d'appel.

Présentation du problème : OK

Problématique : OK

Annonce du plan : Elle est manquante. Dans ce contexte, il faudrait annoncer le contenu général en une phrase.

Organisation du développement

Progression logique vers l'objectif : OK

Transitions claires entre les parties : Il manque une transition claire au début de la partie 2, pour bien montrer que malgré les difficultés de l'enseignement en ligne (partie 1), il ne faut pas l'abandonner totalement, mais l'intégrer dans un modèle hybride dont la présente partie va exposer les avantages.

Parties et paragraphes équilibrés : OK

Paragraphes bien construits : Le paragraphe 7 est resté inachevé. Le connecteur « D'une part » laisse supposer qu'une deuxième solution aurait dû être développée.

Connecteurs pertinents et variés : 1/ Il faudrait supprimer les répétitions excessives du connecteur « en effet ». 2/ Dans le paragraphe 6, l'emploi du connecteur « en revanche » est incorrect : il n'y a pas opposition entre les 2 phrases. Au contraire, elles expriment toutes les deux la même idée de *progression*. On pourrait alors employer le connecteur « de même » pour marquer cette similitude.

Anaphores pertinentes : 1/ Dans « il permet de développer... » (paragraphe 5), on ne voit pas très bien à quel antécédent renvoie l'anaphore « il » : le modèle hybride ou le présentiel ? Dans ce cas, il vaut mieux répéter l'antécédent pour éviter l'ambiguïté. 2/ Dans le paragraphe 6, l'antécédent « les étudiants » est d'abord un complément d'objet indirect. Puis, il devient le sujet de la phrase qui suit : « *ils* verraient la fréquence... ». Dans ce cas, pour bien marquer ce changement et éviter toute ambiguïté, on emploiera plutôt l'anaphore « ceux-ci ».

Conclusion

Réalisation de l'objectif : Il manque une phrase au début de la conclusion qui résumerait le point de vue général, à savoir l'adoption d'un modèle hybride plutôt que l'abandon total des cours en ligne.

— Résumé des arguments : OK

— Clôture selon le type de texte : OK

Ponctuation

Ponctuation d'usage : 1/ Dans le paragraphe 3, il manque un point d'interrogation après « écran ». 2/ Au début du paragraphe 6, il faut ajouter une virgule après le connecteur « Cependant ».

Ponctuation expressive : Ce texte contient trop de points de suspension inutiles, qui n'apportent pas de sens (voir les paragraphes 1, 3, 4 et 7). Seuls les points de suspension dans le paragraphe 6 donnent un sens supplémentaire : le reproche d'abandonner trop vite s'adresse implicitement aux auteurs de la pétition et plus généralement à tous les lecteurs.

Activité 47

Phrases A, E, G : pas d'erreur.

B. n'a pas beaucoup augmenté. Pour exprimer l'idée d'hypothèse, puisque les chiffres ne sont pas encore confirmés, il faut employer le conditionnel : « n'aurait pas beaucoup augmenté ».

C. reprenne. Ce qui est probable reste dans le domaine du réel, donc il faut employer l'indicatif : « reprendra ».

D. soit décidée. L'action étant antérieure à une action déjà passée (voir le verbe consulter à l'infinitif passé), Il faut employer le subjonctif passé : « ait été décidée ».

F. n'écririez pas. Cette phrase reproche une action passée (la pétition est déjà écrite), selon la construction « Si + plus que parfait, alors + conditionnel passé ». Il faut donc corriger par : « vous n'auriez pas écrit ».

H. peut. Lorsqu'une proposition relative suit un superlatif (le meilleur...) ou l'équivalent d'un superlatif (le seul, l'unique...), il est plus correct d'employer le subjonctif, donc « puisse ».

I. reprendront. D'abord, les cours en présentiel reprendront, ensuite on ne voudra plus... Pour marquer cette antériorité, il faut employer le futur antérieur : « auront repris ».

J. sont. Cette expression de la concession a pour structure « si + adjectif + que + subjonctif ». Il faut donc corriger par « soient ».

Activité 48

A.3 ; B.1 ; C.2 ; D.2 ; E.3 ; F.1 ; G.4 ; H.2

Activité 49

Voici un modèle pour notre production guidée :

Pour un modèle hybride à l'université

Suite à la pétition contre l'enseignement en ligne, parue dans le numéro du 28 octobre, je me permets d'écrire au courrier des lecteurs pour exprimer mon désaccord. Au lieu d'un abandon total, je suis persuadé que la mise en place d'un modèle hybride résoudrait bien des problèmes.

Je dois concéder aux auteurs de la pétition que l'enseignement en ligne génère de nombreuses difficultés. En premier lieu, il creuse les inégalités entre les étudiants, car tous ne peuvent pas s'équiper d'un ordinateur leur permettant de suivre les visioconférences, faute de moyens financiers. Par ailleurs, bénéficier d'un espace personnel où travailler en toute tranquillité reste un luxe inaccessible pour beaucoup : difficile alors de suivre un cours au milieu du salon, avec le téléviseur allumé de surcroît !
En second lieu, nous voyons tous dans notre entourage des amis qui décrochent. Comment rester concentré huit heures par jour devant un écran ? Les médias ont raison effectivement de nous appeler la « Génération Zoom » ! Quant aux conséquences psychologiques, elles se révèlent parfois dramatiques. De fait, la réduction des contacts sociaux a fait exploser le nombre de dépressions depuis l'année dernière.

Faut-il pour autant signer cette pétition ? L'abandon définitif des cours en ligne nous priverait des nombreux atouts du modèle hybride. En effet, ce mode d'enseignement qui alterne cours à distance et en présentiel se montre plus inclusif. Il permet d'accueillir les étudiants qui ont déjà une activité professionnelle ou qui se trouvent en situation de handicap. De plus, il offre davantage de flexibilité, puisque les cours peuvent être visionnés où on veut et quand on veut.

Ce modèle hybride est reconnu par ailleurs plus efficace sur le plan pédagogique. La théorie, dispensée par des modules en ligne, s'assimile plus rapidement ; le présentiel est consacré uniquement à la pratique avec des effectifs réduits. En outre, ce nouveau modèle permet de développer des compétences désormais indispensables : la réalisation de projets et le travail en équipe préparent mieux l'étudiant à ses futures activités professionnelles.

Cependant, pour être réellement efficace, ce modèle hybride devrait être adopté progressivement et rendu accessible à tous. Prenons d'abord le temps de l'expérimenter et de l'améliorer au fur et à mesure, au lieu de le rejeter dès qu'une difficulté survient... D'ailleurs, il pourrait n'intervenir qu'à partir du second semestre, afin de laisser le temps aux étudiants de bien se connaître. De même, ceux-ci verraient la fréquence des cours en ligne augmenter progressivement de la première année de licence jusqu'au master, où ils seront devenus plus autonomes.

Enfin, un tel dispositif ne devrait abandonner personne. Mais comment résoudre le problème des inégalités ? D'une part, les étudiants en situation de précarité pourraient bénéficier d'un prêt d'équipement informatique et d'un accès facilité à Internet. D'autre part, je préconiserais l'ouverture de salles dans lesquelles les étudiants pourraient travailler au calme et rompre leur isolement, sur le modèle des espaces de cotravail pour les professionnels indépendants.

Pour conclure, plutôt qu'un abandon total c'est un modèle hybride qui me paraît la meilleure solution. Plus inclusif et plus efficace, il répond mieux aux besoins des étudiants d'aujourd'hui. Toutefois, il faudra prévoir une mise en place progressive qui prenne en compte les difficultés de chacun. Plus généralement, il me semble nécessaire de moderniser les modes de formation à l'université. Cela devient urgent !

Raphaël, L3 Histoire, Bordeaux Montaigne

Sujets d'entraînement

Sujet 1

Modèle de synthèse

La lutte contre la désinformation médicale devient prioritaire pour notre santé publique. Il convient, d'une part, d'analyser les causes de ce fléau et, d'autre part, d'envisager les solutions qui permettraient de le contenir.

Les *infox* sont de fausses informations fabriquées pour toucher des revenus publicitaires. Leur viralité découle du besoin qu'éprouve l'être humain de trouver des réponses rapides à ses angoisses. Autrement, la raison cédant à l'émotion, on recherche sur Internet l'information qui alimentera la peur.
Une proie facile alors pour les diffuseurs d'infox, qui ont fait des plateformes leur terrain de chasse. Par leur maîtrise des codes, ils vantent des remèdes miracles à des personnes vulnérables n'écoutant plus la parole officielle.
Ce fléau est d'autant plus grave qu'il concerne toutes les classes sociales. Même les plus diplômés relaient les infox, au nom de la liberté individuelle et du relativisme scientifique. D'ailleurs, les dérives sectaires atteignent désormais le corps médical.

En conséquence, il revient au public de retrouver son sens critique et de se tourner vers des sources sûres, qu'elles soient gouvernementales ou institutionnelles.
Les plateformes doivent déployer leurs efforts pour supprimer les contenus nocifs et rediriger les internautes vers les sites d'information officiels.
Quant aux institutions, impuissantes à contenir les réseaux où tout utilisateur est producteur, c'est sur ce terrain même qu'elles doivent lutter en répondant aux angoisses du public et en décodant les fausses informations. À l'école, enfin, d'éduquer les enfants à l'esprit critique.

236 mots

Modèle d'essai argumenté

Objet : fausses informations sur le forum Magsanté

Bonjour,

Membre fidèle du forum depuis 10 ans, je me permets d'attirer votre attention sur les fausses informations que diffusent certains membres. En effet, elles pourraient entraîner des conséquences sur la santé et il m'apparaît urgent de résoudre le problème.

Il ne vous aura pas échappé que nous sommes devenus une cible de choix pour les infox. Le rythme des publications s'intensifie depuis quelques semaines et plusieurs d'entre elles bénéficient d'une audience surprenante. Je passerai rapidement sur les plus grossières : la greffe de foie sorti d'une imprimante 3D n'a pas dû recruter beaucoup de volontaires... En revanche, j'ai lu des contributions bien plus inquiétantes, car, très habiles, elles se donnent une apparence scientifique avec des chiffres et des témoignages de « vrais » médecins. Il devient difficile d'y démêler le vrai du faux, si bien que les commentaires sont souvent approbateurs.

Ces fausses informations menacent non seulement la crédibilité du forum, mais la santé de ses membres. D'une part, elles peuvent entraîner des erreurs de traitement. Les promotions de remèdes soi-disant naturels contre le cancer conduisent des malades trop crédules à renoncer au suivi médical, ce qui risque de mettre leurs jours en danger. D'autre part, vous avez sûrement remarqué la nouvelle offensive des antivaccins. La vieille infox selon laquelle le vaccin contre la rougeole rendrait des enfants autistes continue à faire des ravages : cette maladie très contagieuse fait déjà un retour en force dans notre pays.

Pour contrer cette désinformation, j'emploierais plutôt la persuasion que la force. Si vous supprimiez leurs publications, ces « faussaires » se prétendraient comme d'habitude victimes de la censure... Une solution possible serait d'ouvrir dans le forum une rubrique « détox » qui tâcherait de démonter, preuves à l'appui, ces fausses informations. En plus de décourager rapidement celles-ci, ce passionnant travail de décodage permettrait d'augmenter l'audience du forum.

Pour terminer, la désinformation est un virus dangereux, voire mortel. C'est parce que les membres ne croient plus beaucoup aux institutions qu'ils consultent des forums comme Magsanté. C'est pour la fiabilité de ses informations qu'ils lui accordent leur confiance. Il ne faudrait pas maintenant la trahir.

Bien cordialement,
Éric Berthaud

Sujet 2

Modèle de synthèse

Ces 2 articles évoquent une tendance forte dans le secteur du voyage : la micro-aventure. Respectueuse de l'environnement, elle prône un retour à la simplicité de la nature. Mais, représente-t-elle une forme de tourisme réellement authentique ?

La micro-aventure partage avec le tourisme de proximité le principe du voyage court et bref, auquel elle ajoute les sensations de l'aventure. Bien que moins risquée et plus facile à organiser, la micro-aventure se veut aussi stimulante.
Elle séduit surtout les citadins des grandes métropoles, hyperconnectés, qui recherchent le dépaysement près de chez eux.

Ces citadins se montrent d'abord concernés par le changement climatique. De fait, la micro-aventure s'inscrit dans une recherche plus générale d'un tourisme respectueux de l'environnement qui passe notamment par le refus de prendre l'avion.
À ce respect s'allie un art de vivre qui promeut le retour à la simplicité de la nature. Certains touristes y trouvent même une forme renouvelée de dépassement physique et spirituel.

Cependant, le succès de la micro-aventure entraîne sa marchandisation en Occident. Des start-ups se montent pour promouvoir le concept par des infolettres, des événements et des publications de guides.
Désormais, des compagnies aériennes en font un outil marketing pour vendre des week-ends urbains. Certaines vont jusqu'à proposer des packs qui dénaturent complètement le concept de micro-aventure.
Face à cette perte d'authenticité, le site *2 jours pour vivre* incite à créer soi-même ses micro-aventures au lieu de consommer du séjour standardisé.
234 mots

Modèle d'essai argumenté

Micro-aventures : un modèle d'écologie ?

La micro-aventure est sans aucun doute la tendance du moment. Cette « nouvelle » manière de voyager prétend respecter l'environnement. Pourtant, son succès et — inévitablement — son industrialisation font craindre le pire pour nos campagnes.

Le micro-aventurier typique est un citadin de 25 ans environ, qui rêve de se reconnecter aux choses simples. Maintenant qu'il a honte de prendre l'avion, il renonce à ses week-ends dans les capitales européennes pour des escapades près de chez lui, en pleine nature.
Par respect pour l'environnement, il prône un mode de voyage local et lent, avec un moyen de transport durable tel que le vélo. La micro-aventure serait ainsi une forme de tourisme écoresponsable, qui s'inscrirait dans la mouvance actuelle de retour aux circuits courts, comme pour l'alimentation.
En fait, notre micro-aventurier redécouvre les traditionnels week-ends en plein air... ce que reconnaît volontiers d'ailleurs Amélie Deloffre, la fondatrice du site *2 jours pour vivre*, dont je ne mets pas en doute les convictions profondes. Cependant, la crise sanitaire est venue donner un sacré coup d'accélérateur à ce tourisme jusque-là confidentiel. Pour le meilleur...

Et surtout pour le pire ! Car la reconnexion à la nature passe d'abord par la connexion aux réseaux. En effet, entre les groupes d'échanges qui comptent toujours plus de membres et les applications mobiles pour consulter les itinéraires, ce tourisme 2.0 fait un usage intensif d'Internet. Et qui peut croire encore que le numérique ne pollue pas ? À quoi s'ajoute le rôle néfaste des influenceurs. Bien que le désir premier soit de s'aventurer dans un lieu inconnu et « authentique », c'est la vieille loi de l'imitation qui reprend le dessus : tout le monde se retrouve aux sites les plus « instagrammables. » Le tourisme de proximité vire alors au tourisme de masse, avec ses calamités habituelles : végétations piétinées, déchets répandus...
Toutefois, c'est aux compagnies aériennes que revient la palme du pire pollueur. Surfant sur cette tendance, elles vendent des micro-aventures urbaines dans toute l'Europe à une clientèle qui n'a plus honte de prendre l'avion visiblement. Vous me direz que c'est tant mieux pour nos campagnes. Quant à l'empreinte carbone...

En définitive, la micro-aventure n'est pas aussi écologique qu'elle le prétend. Le souhait de respecter la nature — sûrement sincère — entre en tension avec des usages numériques aux effets environnementaux bien connus. Surtout, cette tendance se révèle victime de son succès. Lorsque le voyage prend des dimensions industrielles, c'est rarement pour le bien de la planète.

Loïc Grammont

Sujet 3

Modèle de synthèse

Qu'il fasse peur ou rêver, voilà un siècle que le robot est l'objet de tous les fantasmes. Avec les progrès récents de l'intelligence artificielle, la réalité serait-elle près de rejoindre la fiction ?

L'idée du robot serait née en 1921 dans une pièce de théâtre jouée à Prague. Depuis, l'homme entretient un rapport irrationnel avec le robot. Dans ses œuvres de science-fiction, il espère ou redoute l'arrivée d'une machine à sa ressemblance qu'il charge de réaliser son propre fantasme d'immortalité.

Le premier robot qui naît dans les années 60 n'est qu'une reproduction de gestes humains sur les chaînes d'usine. Cette image déshumanisée de bras mécanique, fidèle à la définition première de l'automate, a peu évolué en cinquante ans jusqu'aux premiers prototypes de l'entreprise Boston Dynamics.

Si ces créations ont réveillé les fantasmes d'une machine humanoïde, la performance était surtout d'ordre publicitaire. En réalité, l'autonomie des robots reste relative et leur bon fonctionnement mobilise encore des équipes importantes. D'ailleurs, si l'apparence humaine satisfait l'imaginaire, elle présente peu d'intérêt scientifique.

La véritable révolution pourrait alors se trouver dans la robotique de service. Désormais dotées d'intelligence artificielle, les machines se voient confier des tâches plus complexes. Nous devrions ainsi apprendre à coexister dans notre quotidien. Néanmoins, la réalité n'a pas encore rejoint la fiction : les premières expérimentations s'avèrent peu concluantes et notre remplacement n'est pas à craindre pour demain.

225 mots

Modèle d'essai argumenté

Les robots envahiront bientôt notre quotidien, suscitant toujours les mêmes fantasmes de domination. Faut-il réellement avoir peur ? D'une part, nous aborderons les menaces que représente la robotisation sur le travail, ainsi que les craintes suscitées par l'autonomie. D'autre part, nous verrons que des dispositifs de contrôle existent et que la robotisation pourrait également améliorer le sort de l'humanité.

Si la destruction de l'humanité par les robots relève de la science-fiction, la menace pour l'emploi apparaît bien concrète. D'ici 2030, ce sont 20 millions d'emplois industriels qui pourraient disparaître. C'est donc un sentiment d'incertitude qui pèse sur la jeunesse aujourd'hui. En effet, choisir un métier impossible à automatiser devient délicat, car avec l'intelligence artificielle les métiers manuels ne sont plus les seuls menacés. On voit notamment apparaître des robots de rédaction automatique de textes, comme les résultats sportifs.

Plus préoccupante encore est l'autonomie des robots promise par l'intelligence artificielle. Nous pouvons craindre que des machines trop sophistiquées dépassent nos capacités intellectuelles et surtout qu'elles prennent des décisions à notre place. La voiture autonome qui a causé un accident mortel en est un exemple significatif. Un scientifique de renommée internationale comme Stephen Hawking a même prévenu que l'intelligence artificielle permettrait aux robots de prendre le contrôle.

Contre cette menace, n'attendons pas le développement d'une conscience artificielle. Le robot ne pourrait être déclaré responsable de ses actes, puisqu'il n'est pas doté d'un sens moral. Par conséquent, il devrait rester incapable de prendre des décisions contraires à l'éthique ou alors la responsabilité doit en incomber à ses concepteurs. Plus généralement, les entreprises développant de l'intelligence artificielle devraient obligatoirement comprendre un comité d'éthique qui veille au respect des droits humains.

Malgré tout, le robot ne pourrait-il pas aider l'homme ? S'il le remplace sur certains postes, il l'assiste sur d'autres. Déjà, des robots collaboratifs augmentent la qualité d'un travail au lieu de le supprimer. D'une extrême précision, il remplace la main du chirurgien qui se réserve toujours les décisions. Par ailleurs, des robots s'illustrent dans les services aux personnes âgées. Bardés de capteurs qui détectent les chutes, ils peuvent aider une personne à se relever. De ce fait, ils constituent une réponse au vieillissement de la population mondiale.

En conclusion, l'homme projette dans le robot ses fantasmes, mais également ses propres contradictions. Issue du progrès scientifique, la robotisation détruit des emplois comme l'a fait l'automobile en son temps. En revanche, l'intelligence artificielle est plus à craindre et doit être, comme toute création de l'homme, soumise au droit et à l'éthique. Encadrée et bien conçue, elle peut rendre de grands services à l'humanité.

Sujet 4

Modèle de synthèse

Les reconversions radicales qui attirent l'attention des médias semblent poser la même question : faut-il changer de métier pour être heureux au travail ? Bien qu'il réponde à certains problèmes, le virage professionnel n'est peut-être pas la panacée.

Le monde du travail évolue : la recherche du sens devient une question essentielle pour tous. L'entreprise, même lorsqu'elle se préoccupe du bien-être des employés, n'y répond que partiellement : la quête du sens est par nature individuelle.
Les mentalités évoluent également : une grande majorité des Français plébiscitent désormais les reconversions professionnelles. D'ailleurs, de plus en plus d'artisans sont des diplômés du supérieur qui échangent un salaire élevé contre l'épanouissement au travail.

Comment expliquer de telles reconversions ? La numérisation et la spécialisation rendent le travail abstrait et superficiel, ce qui entraîne un sentiment d'inutilité. Cette perte de sens associée au stress incite à une remise en question qui s'avère un enjeu de société.
C'est ainsi le désir du concret qui attire les cadres vers l'artisanat : dans leurs ateliers, ils peuvent voir le résultat de leur travail.

Cependant, la reconversion demeure un choix difficile. D'une part, les Français sont conditionnés par leurs diplômes qui les cantonnent à une carrière écrite d'avance. D'autre part, une analyse profonde du désir de changement est indispensable avant de se lancer.
En effet, choisir une cause noble ne suffit pas : le contexte de travail s'avère aussi déterminant. Dans certains cas, un changement de poste ou d'entreprise sera préférable à une reconversion totale.

240 mots

Modèle d'essai argumenté

Une mode... bien partie pour durer !

Je souhaiterais réagir à l'article, paru dans le numéro 18, consacré aux reconversions dans l'artisanat. Ce que révèlent les moqueries de l'auteur, c'est surtout sa profonde méconnaissance de l'artisanat d'aujourd'hui et j'estime qu'une mise au point s'impose.

Tout d'abord, ces reconversions professionnelles reviendraient à un « énorme gaspillage de matières grises. » Je dois reconnaître que le retour à un métier manuel après des études coûteuses peut générer de l'incompréhension dans l'entourage. Mais n'est-ce pas celui-ci généralement qui pousse aux études longues, et à cause d'un préjugé ?

En effet, le travail intellectuel serait supérieur au travail manuel... Pour ceux qui confondent ce dernier avec le travail non qualifié peut-être. L'artisanat, bien au contraire, exige créativité et intelligence. Il se révèle plus épanouissant et d'ailleurs, il paie souvent très bien !

Ensuite, parler comme l'auteur de « fuite des cerveaux » me paraît excessif : si tout le monde revenait aux travaux manuels, qui ferait fonctionner nos entreprises ? Soit, mais c'est oublier que ces « reconvertis » occupent souvent des métiers sous tension. Ils viennent donc combler des manques, surtout lorsqu'ils décident de s'installer à la campagne : ces « fuyards » sont alors très bien accueillis !

En fait, l'auteur présente une vision totalement dépassée de l'artisanat. Loin d'être « obsolète », il se montre totalement en phase avec les évolutions technologiques. S'il s'appuie sur une tradition ancestrale, il s'adapte constamment aux nouveaux besoins de sa clientèle : le serrurier d'aujourd'hui installe des équipements domotiques. Par ailleurs, l'artisan recourt aux médias sociaux pour promouvoir ses services. Il dispose d'un site Internet et fait livrer ses produits via des applications mobiles.

C'est d'ailleurs avec la société toute entière qu'il sait évoluer. D'une part, il participe à la quête commune du sens au travail. Si les cadres quittent leurs postes, c'est parce que leur quotidien est devenu absurde. Ils rejettent la virtualisation au profit d'actions concrètes dont ils peuvent apprécier le résultat dans leur environnement proche.

D'autre part, ils ne partagent pas l'indifférence des grandes entreprises pour leur impact sur la société. Ils veulent proposer un produit plus respectueux du client, sans abuser de ses données personnelles ni l'inciter à la surconsommation. En outre, ils partagent la même inquiétude pour l'environnement. Certains vont même jusqu'à se positionner comme des artisans de proximité en privilégiant les circuits courts.

En somme, ce que nous apprennent les reconversions professionnelles des cadres, c'est une mutation qui se fait en profondeur. Les vieux préjugés contre le travail manuel disparaissent : répondant toujours aux besoins de la société, il apporte de surcroît une réponse moderne à des inquiétudes telles que la recherche du sens au travail, le maintien des valeurs humaines et les défis environnementaux. Une mode qui me semble bien partie pour durer...

Philippe P., Montpellier.

Sujet 5

Modèle de synthèse

Suite à la polémique engendrée par les menus végétariens dans les cantines lyonnaises, ces deux articles tentent d'expliciter le rapport à la viande dans la société française. Les Français deviendraient-ils végétariens ?

Selon une enquête récente, la consommation de viande recule chez les Français. Si la plupart en mangent toujours, près de 50 % ont diminué la quantité de moitié en trois ans. En outre, chez les jeunes et les classes supérieures, 50 % des interrogés prévoient de la réduire encore.

Parmi les motifs déclarés, la santé arrive en tête. Viennent ensuite le bien-être animal, l'économie et le respect de l'environnement. Toutefois, cette diminution satisfait également un désir de distinction sociale.

De fait, si les jeunes de tous milieux confondus sont concernés, la consommation de viande reste très marquée socialement. Jusqu'en 1980, une alimentation très carnée était un signe de richesse pour les classes favorisées.

Aujourd'hui, la tendance s'est inversée. Devenue plus accessible aux classes moyennes et populaires, la viande y est considérée comme indispensable dans l'alimentation quotidienne, surtout pour la croissance et la santé des enfants.

Cependant, ces classes pourraient à l'avenir imiter les catégories supérieures. Ces dernières ne se dirigent pas vers le végétarisme, mais vers une consommation plus qualitative pour un tiers des interrogés. Consommateurs exigeants, ils considèrent la provenance locale, le respect animal et le goût comme des critères décisifs à l'achat.

Symbole fort de la cuisine en France, la viande demeure un aliment indispensable au plaisir culinaire.

239 mots

Modèle d'essai argumenté

Rouen, le 3 avril 2021

Objet : lettre ouverte au maire de Rouen concernant les menus végétariens dans les cantines scolaires

Monsieur le Maire,

Votre municipalité a annoncé, par circulaire le 12 mars dernier, l'obligation d'un menu végétarien unique dans toutes les cantines scolaires. Je partage l'incompréhension des parents d'élèves face à une décision dont les conséquences s'annoncent très lourdes.

Je n'ignore pas que la consommation de viande représente un enjeu majeur contre le changement climatique. Suite à la loi de novembre 2019, qui impose aux établissements scolaires de proposer au moins un menu végétarien par semaine, j'ai adhéré sans réserve à l'initiative de la mairie d'en proposer le double. C'était, il me semble encore, un bon compromis entre l'équilibre nutritionnel des enfants et la protection de l'environnement.

Pourquoi alors imposer une mesure aussi radicale ? La diminution progressive des repas carnés ne choque pas, car elle suit un mouvement général de la société. Cette suppression brutale, en revanche, relève d'une idéologie anti-viande totalement contre-productive. L'engagement environnemental ne peut naître que dans le dialogue respectueux des intérêts de chacun, pas dans la contrainte.

Par ailleurs, non content de desservir votre cause écologique par une polémique stérile, vous ruinez les efforts déployés avant vous. En effet, votre prédécesseur avait développé avec succès des filières d'approvisionnement local : les économies dégagées par la réduction des plats carnés étaient réinvesties dans de la viande bio fournie en circuit court. Ainsi, ne soyez plus étonné de voir les producteurs manifester devant l'hôtel de ville...

En conséquence, il serait nettement préférable que vous reconsidériez une décision qui met en péril l'équilibre entre écologie, nutrition des enfants et intérêts des acteurs économiques. Et si vous commenciez par revenir au débat démocratique ? Ce n'est pas en instaurant une « dictature verte » dans notre ville que vous obtiendrez la satisfaction des électeurs.

En vous remerciant de votre attention, je vous prie d'agréer, Monsieur le Maire, l'expression de mes salutations distinguées.

Christophe Caradec

Sujet 6

Modèle de synthèse

Dans sa lutte contre le harcèlement en ligne, le gouvernement français cible l'anonymat. Ces deux articles s'interrogent sur les possibilités de l'interdire. Mais existe-t-il réellement ? Quelles autres mesures adopter pour la sécurité des internautes ?

Plutôt qu'une suppression totale de l'anonymat en ligne, le secrétaire d'État penche pour une interdiction sur les plateformes sensibles et une identification accélérée pour les autres.
Cependant, pour l'internaute qui ne maîtrise pas les réseaux chiffrés, des techniques d'identification empêchent déjà l'anonymat. Seul un « pseudonymat » est possible, qui permet de s'exprimer sous un faux nom, pas sous une fausse identité.
Par ailleurs, le désir d'anonymat présente certaines contradictions. L'internaute revendique un droit illimité à une vie privée, mais l'expose sur les réseaux sociaux. Quant aux harceleurs, ils ne souhaitent pas être anonymes, car ce serait montrer un manque de conviction. Ils s'expriment à visage découvert au sein de communautés déconnectées du réel.

Interdire le pseudonymat serait ainsi priver de protection contre ces harceleurs. En effet, se cacher derrière un avatar permet de limiter les dégâts du harcèlement sur sa personne. Ce serait aussi rejeter d'autres internautes souhaitant rester discrets pour un bon motif, comme un don d'argent.
En conséquence, d'autres mesures seraient à envisager comme renforcer les moyens et la formation des policiers. Mais, la solution se trouve probablement dans l'éducation universelle et permanente aux comportements positifs ainsi qu'à la protection contre les incivilités, notamment par l'information sur les lois punissant le cyberharcèlement.

237 mots

Modèle d'essai argumenté

Bonjour à tous,

Ayant été moi-même la cible de harcèlement sur ce forum, je suis bien placé pour reconnaître la gravité du problème. La question du modérateur me semble donc légitime. Est-ce pourtant la meilleure riposte ? Et si la suppression de l'anonymat allait au contraire aggraver le problème ?

J'ai lu qu'un membre considèrerait cette mesure comme une atteinte à la liberté d'expression. Les participants au forum auraient le droit de tenir les propos qu'ils veulent, même les plus blessants. En ce qui me concerne, je n'élargirai pas la liberté d'expression jusqu'à accorder le droit d'insulter les autres.
Si je ne suis pas favorable à l'interdiction de l'anonymat, c'est parce qu'elle ne résoudrait pas le problème. En effet, la haine en ligne ne trouve pas sa source dans le

pseudonymat : nos harceleurs s'expriment sous leur véritable identité. Ce qui est en cause, c'est le sentiment d'impunité qu'entraînent l'inconscience de leurs actes et notre incapacité à réagir.

Par ailleurs, c'est précisément l'anonymat qui garantit notre liberté d'expression. Le dialogue sous pseudonyme permet de se focaliser sur les idées, pas sur l'émetteur. De plus, certains sujets intimes, comme les relations au travail ou dans la famille, exigent beaucoup de discrétion. La levée de l'anonymat encouragerait donc une forme d'autocensure ou, pire encore, des attaques personnelles !

Par conséquent, je trouverais plus juste de sanctionner les propos que les individus. Contre les messages de haine, il faut d'abord des réponses argumentées qui les déprécient. Si cela ne décourage pas les fanatiques, cela freinera la propagation de leurs « idées ».

En outre, je suggère de renforcer la sensibilisation des membres. Nous n'informons pas assez, selon moi, sur les droits et les devoirs de chacun. Après tout, les harceleurs savent-ils que leur comportement constitue un délit puni par la loi ? Les membres prennent-ils toujours la peine de signaler les messages fautifs au modérateur ?

Finalement, il faudrait songer à une modération *a priori*, si cela devenait nécessaire. Puisqu'identifier l'auteur ne sert à rien, autant l'empêcher de publier. Mais, je vois déjà le modérateur froncer les sourcils... Bien entendu, c'est une charge très lourde que l'on partagerait dans une équipe de bénévoles, comme cela se fait déjà dans d'autres forums.

En définitive, la fin de l'anonymat ne dissuaderait pas les discours de haine, tandis qu'elle inciterait au silence ceux qui ont vraiment des idées à exprimer. Outre la liberté d'expression, c'est la passion pour le vrai débat qu'il convient d'enseigner, celui qui confronte des idées, pas des individus.

Annexes

Thèmes essentiels

Voici les thèmes qui sont régulièrement imposés aux candidats du DALF C1, avec des exemples de sujets possibles ou déjà passés dans les sessions précédentes.

La famille : l'éducation moderne, la garde des enfants, la génération « boomerang », l'entraide familiale, l'éducation bienveillante...

La vie en société : le bonheur, le handicap, les problèmes de logement, les différences entre générations (baby-boom, génération Y, génération Z...), la citoyenneté, le vote des jeunes, l'altruisme, le féminisme, la colocation entre retraités...

L'école : l'apprentissage par le jeu vidéo, l'évaluation des professeurs, l'égalité des chances, le soutien scolaire, la créativité, la réforme du bac, la réforme des rythmes scolaires, les cours à distance, la classe inversée, les usages du numérique en classe, le cartable numérique, l'école à la maison, les systèmes de notation...

Le monde du travail : les bureaux partagés, la robotisation, les nouvelles valeurs du travail, la dégradation des conditions de travail, l'organisation du temps de travail, la reconversion professionnelle, les travailleurs indépendants, le droit à la déconnexion, le télétravail...

L'urbanisme : les potagers collectifs urbains, les nouveaux modes de transport, les nouveaux espaces verts, l'urbanisme éthique, les péages urbains, la désertification des centres-villes...

L'environnement : le changement climatique, la déforestation, les énergies renouvelables, l'énergie nucléaire, les biocarburants, le droit des animaux, l'alimentation et la préservation de la planète, la disparition des abeilles, l'élevage intensif, la transition énergétique, le bien-être animal, l'impact du publipostage, l'agriculture biologique...

Le numérique : la fracture numérique, l'identité numérique, les ados et les réseaux sociaux, l'hyperconnexion, la protection des données personnelles, les bibliothèques numériques, la nomophobie, l'anonymat sur Internet...

La consommation : l'obsolescence programmée, les jeux d'argent, les cyberachats, le black friday, les jeunes et les marques, les magasins sans vendeurs, la chirurgie esthétique, le visionnage de films en streaming, le marché de l'occasion...

L'alimentation : le véganisme, le steak végétal, les aliments de synthèse, les aliments bio, la consommation de viande, les nouveaux restaurants, les applications de régime alimentaire, la sécurité alimentaire, les circuits courts...

Les médias : la domination d'Internet, la surcharge informationnelle (infobésité), les fausses informations, l'éducation aux médias, les théories du complot, les effets des écrans sur les enfants...

Les loisirs et la culture : la littérature de jeunesse, le piratage des livres, les parcs de loisirs, les festivals, les jeux hybrides, les adultes et les jeux vidéo, la défense des librairies, le pass culture...

Le tourisme : l'écotourisme, le tourisme vert, les vacances humanitaires, la découverte du patrimoine, l'hyperfréquentation touristique, le tourisme durable, le tourisme de masse, le marketing du tourisme...

L'économie : l'ubérisation, le revenu universel, les monnaies virtuelles, la gratuité des services, la lutte contre la pauvreté, le neuromarketing, la précarité des étudiants, les publicités intrusives...

La santé : les médecines alternatives, la vaccination obligatoire, la lutte contre la douleur, l'obésité, les allergies, les addictions, les médicaments génériques, les antibiotiques, les maladies dégénératives, l'automédication, les dangers du Wi-Fi, l'autisme, la méditation...

La recherche spatiale : la recherche de la vie extraterrestre, la colonisation de Mars, l'influence de la lune, les femmes astronautes, le tourisme spatial, les trous noirs, les sondes spatiales...

Les progrès et dangers de la science : le transhumanisme, les voitures de l'avenir, l'intelligence artificielle, le clonage, la génétique, les greffes, les neurosciences, les robots et l'homme, le choix du sexe de son enfant, la reconnaissance faciale...

Les langues et la francophonie : la disparition des langues, la réforme de l'orthographe, la diversité linguistique, les normes linguistiques, l'enseignement des langues régionales, les discriminations linguistiques (glottophobie), la maîtrise de l'orthographe au travail, langue et sexisme...

Fonctions essentielles

À l'écrit, le candidat au DALF C1 doit posséder un vocabulaire très étendu lui permettant de développer une argumentation et de structurer un texte. Plus précisément, voici les fonctions qu'il est nécessaire de connaître, avec un exemple pour chacune.

Fonctions pour l'argumentation

Présenter des faits

Il s'avère que les conséquences écologiques sont désastreuses.

Donner des informations chiffrées

Le taux de chômage avoisine les 9 % de la population.

Montrer l'évolution

Leurs conditions de vie ne cessent de se dégrader.

Expliquer les causes et les conséquences

Le changement climatique affecte déjà de nombreuses régions.

Exprimer une certitude/incertitude

Dans l'avenir, les livreurs seront probablement remplacés par des drones.

Exprimer un point de vue

En ce qui me concerne, le télétravail est loin d'être la meilleure solution.

Formuler un jugement de valeur

Ce projet d'entreprise me semble trop utopique.

Exprimer un sentiment

Le développement de l'intelligence artificielle fait craindre le pire.

Proposer des solutions

Selon moi, les patients auraient tout intérêt à demander l'avis de plusieurs spécialistes.

Rapporter un point de vue

Comme l'explique l'auteur de l'article, la journée sans viande n'a pas obtenu le succès espéré.

Exprimer un accord ou un désaccord

Je ne suis pas tout à fait du même avis sur ce point.

Exprimer une concession/opposition

Je vous concède que les panneaux solaires sont encore peu rentables.

Solliciter dans une lettre formelle

C'est pourquoi je vous prie de bien vouloir m'accorder un entretien.

Fonctions pour l'organisation d'un texte

Annoncer le plan

En premier lieu, je décrirai brièvement la situation actuelle et ses enjeux.

Introduire une citation

Selon Maupassant, le romancier doit, je cite, « manipuler les événements à son gré ».

Introduire une référence

Quant aux pesticides, leur emploi n'est pas près d'être interdit.

Donner un exemple

C'est le cas notamment de l'Asie du Sud-Est, où de nombreuses zones côtières sont d'ores et déjà menacées.

Ménager une transition

Si l'on passe aux causes du problème, on rencontre quelques difficultés à recueillir des informations.

Résumer un point de vue

En somme, on peut dire que la télémédecine représente un réel progrès dans le traitement des patients.

Élargir un débat

D'ailleurs, les zones côtières ne sont pas les seules concernées. Il faudrait également évoquer les campagnes.

Grammaire essentielle

Un candidat au DALF C1 doit normalement connaître la grammaire essentielle des niveaux précédents (B1, B2...) que nous ne pouvons pas rappeler ici. Voici les points importants à connaître pour réussir l'épreuve écrite du DALF C1.

Les procédés anaphoriques

L'ubérisation est une pratique commerciale qui consiste à proposer des services directement aux clients. Ceux-ci passent leurs commandes via des applications mobiles.

L'inversion du sujet et du verbe

À cet atout majeur s'ajoutent des avantages non négligeables.

La mise en relief

Ce qui se joue ici, c'est une remise en cause d'un modèle social.

Les constructions détachées

Le droit à la déconnexion, un principe établi par la « loi Travail » de 2017, autorise un salarié à ne pas être joignable pendant ses jours de congé.

La forme passive impersonnelle

Il s'est vendu moins de livres numériques en 2016.

La phrase infinitive

Revenir à une économie plus respectueuse de la nature s'impose comme une nécessité.

Les propositions relatives complexes

L'allocation d'un revenu universel est un sujet sur lequel les désaccords sont nombreux.

Les prépositions suivies de ce que

Il faut veiller à ce que les tâches ménagères soient réparties équitablement entre les membres de la famille.

L'antériorité

La pêche devrait être interdite avant que l'espèce ne disparaisse totalement.

La simultanéité

Ces jeunes adoptent un mode de vie plus occidental, tout en restant très attachés aux traditions.

La postériorité

Le chef d'entreprise a pris cette résolution après que les employés le lui ont demandé.

Le choix du mode verbal en fonction du sens

Nous recherchons une forme de tourisme qui soit plus respectueuse de l'environnement.

Les emplois du conditionnel passé

Quelles auraient été les conséquences, si cette décision avait été prise trop tôt ?

Le subjonctif passé

Le piratage des livres est un problème bien connu et je doute qu'ils se soient trompés.

Les déterminants quantitatifs

Avec la nouvelle organisation du travail, les salariés n'ont pu prendre aucunes vacances pendant 6 mois.

Les accords particuliers de l'adjectif

Je ne crois pas aux voitures volantes, car elles coûtent beaucoup trop cher.

Les accords exceptionnels du participe passé

Quant aux examens, les enseignants les ont fait passer par courrier électronique.

Le pluriel des noms composés courants

Le développement des bibliothèques numériques exige de nouveaux savoir-faire.

La féminisation des noms de métiers courants

Sophie Perben est une excellente professeur de neuromarketing.

Liens utiles

Vous trouverez dans cette section une liste de sites web utiles pour la préparation au DALF C1 et plus généralement pour le perfectionnement linguistique.

Retrouvez cette sitographie mise à jour sur le site de Commun français :

communfrancais.com/ressources/production-ecrite-dalf-c1/

Informations pratiques

Site officiel de l'examen : https://www.france-education-international.fr/delf-dalf

Droits et devoir des candidats :

https://www.france-education-international.fr/delf-dalf/droits-devoirs-candidats

Exemples de sujets

Fondation Esprit Francophonie : 2 sujets complets à télécharger, https://www.delfdalf.ch/exemples-dalf-c1

Perfectionnement linguistique

Le point du FLE : trouver les meilleurs sites de grammaire, de vocabulaire…, https://www.lepointdufle.net/

Je révise mon français grâce à la presse : https://docpresseesj.tumblr.com/

la-ponctuation.com : http://www.la-ponctuation.com/

Prendre des notes : https://openclassrooms.com/fr/courses/2457891-prendre-des-notes

Dr French : application mobile de grammaire spéciale français langue étrangère (FLE), disponible sur Android et iOS.

Projet Voltaire : application mobile pour améliorer l'orthographe, disponible sur Android et iOS.

Le détecteur de fautes : application mobile qui entraîne à l'autocorrection, disponible sur Android et iOS.

Presse francophone

Quotidiens généralistes

Le Monde : https://www.lemonde.fr/

Libération : https://www.liberation.fr/

Le Figaro : https://www.lefigaro.fr/

20 minutes : https://www.20minutes.fr/

Slate : http://www.slate.fr/

Le HuffPost : https://www.huffingtonpost.fr/

Magazines spécialisés

Numerama : https://www.numerama.com/

Futura-sciences : https://www.futura-sciences.com/

Sciences humaines : https://www.scienceshumaines.com/

Presse de débats

Polemik : https://www.capital.fr/polemik

Le Drenche : https://ledrenche.ouest-france.fr/

Aides à la rédaction

Banque de dépannage linguistique : http://bdl.oqlf.gouv.qc.ca/bdl/

Parler français : http://parler-francais.eklablog.com/

Le rouleau des prépositions :
https://www.btb.termiumplus.gc.ca/tpv2guides/guides/rdp/index-fra.html?lang=fra

Va te faire conjuguer : https://www.vatefaireconjuguer.com/

Dictionnaires

Dictionnaires monolingues

Le Robert : https://dictionnaire.lerobert.com/

Larousse : https://www.larousse.fr/dictionnaires/francais

Dictionnaire des synonymes : https://crisco2.unicaen.fr/des/

Dictionnaire des expressions : https://www.expressio.fr/

Dictionnaires multilingues

Reverso : https://context.reverso.net/traduction/

WordReference : https://www.wordreference.com/

Outils

Mémoriser le vocabulaire

Quizlet : https://quizlet.com/fr-fr

Planifier

Mindomo : https://www.mindomo.com/fr/

Mindmeister : https://www.mindmeister.com/fr

Rédiger

Écrire les accents :

https://www.lepointdufle.net/ressources_fle/lettres_accentuees.htm

Clavier français en ligne : https://www.lexilogos.com/clavier/francais.htm

Réviser

Bon Patron : https://bonpatron.com/fr/

Reverso : https://www.reverso.net/orthographe/correcteur-francais/

Antidote : https://www.antidote.info/fr